Wucherpfennig

Wie hat Jesus Eucharistie gewollt?

Ansgar Wucherpfennig

Wie hat Jesus Eucharistie gewollt?

Ein Blick zurück nach vorn

Patmos Verlag

VERLAGSGRUPPE PATMOS

PATMOS
ESCHBACH
GRÜNEWALD
THORBECKE
SCHWABEN
VER SACRUM

Die Verlagsgruppe
mit Sinn für das Leben

Für die Verlagsgruppe Patmos ist Nachhaltigkeit ein wichtiger
Maßstab ihres Handelns. Wir achten daher auf den Einsatz
umweltschonender Ressourcen und Materialien.

2. Auflage 2021
Alle Rechte vorbehalten
© 2021 Patmos Verlag
Verlagsgruppe Patmos in der Schwabenverlag AG, Ostfildern
www.patmos.de

Umschlaggestaltung: Finken & Bumiller
Umschlagabbildung: louise lyshøj / unsplash
Satz: Schwabenverlag AG, Ostfildern
Druck: GGP Media GmbH, Pößneck
Hergestellt in Deutschland
ISBN 978-3-8436-1302-6 (Print)
ISBN 978-3-8436-1316-3 (eBook)

Inhalt

Warum ich mich dieser Frage gestellt habe

Wie hat Jesus Eucharistie gewollt?

Die Evangelien sind aus den Erfahrungen mit dem auferstandenen Jesus geschrieben. Sie erinnern Jesus nicht als einen toten und gewesenen Menschen, sondern als einen, der lebendig gegenwärtig ist, auch in der Eucharistie. *Die Kirche feiert Eucharistie, weil der Auferstandene sich ihr als Lebender in Erinnerung ruft.* Wie hat der auferstandene Jesus Eucharistie gewollt? – so müsste die Frage genauer heißen. Die rein historische Rückfrage wird nur bescheidene Ergebnisse erbringen. Theologische Aufgabe ist es, die frühchristlichen Zeugnisse als spannungsvolle Einheit zu verstehen. Die Unterschiedlichkeit ihres Blicks und ihrer Darstellungen ist nicht zuerst eine Schwierigkeit. Ihre Vielfalt ist vielmehr Reichtum, der viel Freude machen und viel nützen kann. Das gilt nicht nur für die Evangelien, sondern auch für die anderen frühchristlichen Schriften. Auch sie geben Zeugnis vom auferstandenen und lebendigen Messias Jesus und von der Nachhaltigkeit seines irdischen Wirkens. Bei meiner Suche nach einer Antwort auf die Frage, wie der Auferstandene Eucharistie gewollt hat, möchte ich daher nicht mit dem vorösterlichen Jesus um das Jahr 30 beginnen, sondern mich von den vielfältigen frühchristlichen Zeugnissen über die Eucharistie in der Zeit des 2. und 3. Jahrhunderts langsam zu den vorösterlich-österlichen Anfängen der Eucharistie vorantasten. Dabei wird sich zeigen, dass Christinnen und Christen sich bei der Feier der Eucharistie und der Suche nach ihrer Form von der Inspiration des auferstandenen Christus begleitet wussten.

Mit Eucharistie meine ich das christliche Mahlsakrament. Das Wort Eucharistie kommt bei Jesus noch nicht vor. Die Frage, wie er Eucharistie gewollt hat, ist also ein Anachronismus. Ursprünglich hat Stadtdekan Johannes zu Eltz mir diese Frage gestellt, als er für eine Sitzung des Frankfurter Stadtsynodalrats dazu ein Statement von mir haben wollte. Dabei ging es um die Vorbereitung des Ökumenischen Kirchentags 2021. Auch wenn ich dieses Buch als katholischer Christ schreibe, grenze ich mich mit der „Eucharistie" nicht gegen das „Abendmahl" in den evangelischen Kirchen ab. Vielmehr habe ich das Warten und Hoffen nicht aufgegeben, dass evangelische und katholische Christinnen und Christen „Gemeinsam am Tisch des Herrn"[1] feiern können. Die ersten Überlegungen zu diesem Buch sind in einem „Frankfurter Ökumenekreis" von Theologinnen und Theologen aus Praxis und Wissenschaft entstanden, in dem wir uns im Interesse einer gemeinsamen Feier vergewissert haben, was Abendmahl und Eucharistie für uns bedeuten. Eine kirchenverbindende Gemeinschaft am Tisch des Herrn kann Christinnen und Christen Kraft geben, sich gemeinsam den sozialen, politischen, ökonomischen und ökologischen Fragen zu stellen, die in den vergangenen Jahren immer drängender geworden sind. Mit diesem Ziel bin ich die Frage, wie Jesus Eucharistie gewollt hat, angegangen, und ich freue mich, wenn meine Überlegungen zur Umsetzung beitragen können.

Trotz aller Bedenken finde ich die Frage, wie Jesus Eucharistie gewollt hat, in ihrer Prägnanz gut. Wenn ich mich ihr stelle, gehe ich davon aus, dass die spätere Feier der Eucharistie sich aus einem Gründungsimpuls im Leben Jesu entwickelt hat. An diesem Glauben halten die Kirchen über die Konfessionsgrenzen hinweg fest mit dem Bekenntnis, dass Jesus das Abendmahl oder die

Eucharistie als Sakrament eingesetzt hat. Dieser Gründungsimpuls zur Eucharistie wäre nicht möglich gewesen ohne die Mahlpraxis Jesu vorher. Die Eucharistie ist nachösterlich entstanden; von ihrer theologischen Bedeutung her gehört sie aber in die Mitte des Lebens Jesu, nicht an dessen Ende. Aus dieser Intuition heraus hat der Evangelist Johannes seine eucharistische Überlieferung auch mitten in das Leben Jesu hineingestellt. Er lässt Jesus in der Synagoge in Kafarnaum Worte sprechen, die zu den anstößigsten seines Lebens gehören (Joh 6,54–55): „Denn mein Fleisch ist wahrhaft eine Speise, und mein Blut ist wahrhaft ein Trank. Wer mein Fleisch isst und mein Blut trinkt, der bleibt in mir und ich bleibe in ihm."[2]

Jeder Kochtopf ist heilig …

Religionsgeschichtlich stehen Jesus und die Reich-Gottes-Bewegung, für die sein Name steht, in der Tradition sakraler Mähler – heiliger Mahlzeiten.[3] Es geht bei der Eucharistie grundsätzlich um Essen und Trinken. Das habe ich aus Gottfried Bachls Eucharistiebuch[4] gelernt: „Die Gottheit gibt sich so, dass aus ihrem Wort und Dasein die bestimmte Lage des Menschen heilsam verständlich wird, auch seine Bestimmung, ein Esser und Trinker zu sein und sein zu müssen, in allen Bedingungen, die damit verbunden sind."⁵ Bachl macht begreiflich, warum Jesus Essen und Trinken als seine Sendung verstanden und gegen die Verleumdung verteidigt hat, er sei als „Fresser und Säufer" den falschen Leuten Freund.⁶ Im Mahl und im heiligen Mahl geht es Jesus „nicht um irgendeine Gnade, sondern um die(se) Gestalt, die im realen Code des Nährens und Verzehrens erscheint".⁷

Jesu Verständnis von der Heiligkeit eines Mahls ist zugleich extensiv und intensiv. *Extensiv,* weil Jesus vielfältige Formen des Essens und Trinkens und der damit verbundenen Alltäglichkeiten in seine Reich-Gottes-Verkündigung einbezieht. Am Ende des Buches Sacharja heißt es: „So wird jeder Kochtopf in Jerusalem und Juda dem HERRN der Heerscharen heilig sein, und alle, die opfern, werden kommen und welche von ihnen nehmen und darin kochen. Und kein Händler wird an jenem Tag mehr im Haus des HERRN der Heere sein" (Sach 14,21). Jesus hat das Ende des Sacharjabuches gekannt. Der letzte Satz des Buches war für ihn der Impuls, die Händler aus dem Tempel zu vertreiben. In der prophetischen Vision breitet sich die Heiligkeit der Opfermähler vom Tempel auf jeden Kochtopf und Kessel im ganzen Land aus, auf jeder Feuerstelle kocht ein heiliges Mahl. Jesus stand jüdischen Bewegungen nahe, die Heiligkeit nicht auf den Tempelbezirk begrenzt sahen, sondern ausgestreckt auf Land und Leute.

Gleichzeitig ist Jesu Verständnis von heiligen Mahlzeiten *intensiv*. Er konnte auch in Allerweltsdingen um das Mahl herum Zeichen für die Nähe Gottes sehen. In der Tätigkeit einer Brot backenden Frau und in dem Wunder des aufgehenden Teiges wird das Reich Gottes greifbar (Mt 13,33). Vier seiner Gleichnisse in Mt 13,1–35 handeln von Früchten der Erde: zwei vom Getreide, eines vom Senfkorn und eines vom Sauerteig. Alle lassen über das Wunder der Erde staunen, die trotz aller Schwierigkeiten Früchte zur Nahrung der Menschen hervorbringt und Pflanzen, die im Gleichnis vom Senfkorn sogar den Vögeln des Himmels Wohnung geben. Auch das Weizenkorn, aus dem das Mehl für das Brot auf den Tischen gemahlen wird, wird Jesus zum prophetischen Bild für seinen eigenen Tod: „Wenn das Weizenkorn nicht in die Erde fällt und stirbt, bleibt es allein; wenn es aber stirbt, bringt es reiche Frucht" (Joh 12,24). Im Tod geht es nicht um Vernichtung. Nicht um zugrunde zu gehen, stirbt dieses Weizenkorn vom Himmel, sondern um eines neuen, beziehungsreichen Lebens willen.

In den Evangelien sind die genannten Jesusworte in neue Zusammenhänge gesetzt. Es ist gut möglich, dass er sie ursprünglich bei einem Mahl gesprochen hat. Als die Menschen gesehen und gekostet haben, wie gütig der Herr ist (Ps 34,9), hat Jesus ihnen seine Nähe verkündet. In den frühchristlichen Gemeinden sind beim heiligen Mahl Propheten zu Wort gekommen. Sie haben beim Mahl von ihren Einsichten gesprochen und mit ihren Bildern und Mahnungen dem Mahl theologische Deutungen gegeben. Dies trifft auch auf Jesus zu: *Jesus hat sich als Prophet verstanden* (Mk 6,4). *Das gemeinsame Essen und Trinken hat er geheiligt als Ort seiner Verkündigung.*

Mehr als im Abendmahlssaal

Die christliche Eucharistiefeier hat sich aus jüdischen und hellenistischen Mahltraditionen entwickelt, die älter sind als das Christentum. Beim Nachdenken über Jesus und die Eucharistie verengt sich der theologische Blick oft auf das Geschehen im Abendmahlssaal. Dabei geht die Weite verloren, die die Feier in ihren Anfängen hatte. Diese kann sie nicht allein vom Abendmahlssaal her gewonnen haben. Sicherlich: Die großen Liturgien – nicht nur die evangelische und die katholische Mahlfeier, auch die Göttliche Liturgie des Johannes Chrysostomus in den Ostkirchen – gedenken des letzten Mahles Jesu mit seinen Jüngern. Aber in keiner dieser Traditionen ist die

Liturgie einfach eine Nachahmung dessen, was zwischen Jesus und seinen Jüngern beim letzten Mahl geschehen ist.

Für die evangelische Abendmahlsliturgie gehören die Einsetzungsworte zu den „konstitutive(n)"[8] Bestandteilen jeder Abendmahlsfeier, zusammen mit dem Vaterunser, der Austeilung der Elemente und dem Dank an Gott; nach den Augsburger Bekenntnisschriften soll das Abendmahl als Sakrament „dem göttlichen Wort gemäß gereicht werden" (CA 7).[9] Auch die evangelische Liturgie kennt die Präfation als traditionelles Gebet, das das Abendmahlsgeschehen in einen viel weiteren Horizont hineinstellt. In der Präfation stimmt die Gemeinde mit dem Trishagion, dem Dreimal Heilig, in das Lob der gesamten Schöpfung ein. In das endzeitliche Trishagion werden auch alle Obrigkeiten und Autoritäten, Kräfte und Gewalten einfallen, die die Gemeinde jetzt noch bedrängen. So lautet die Präfation in dem liturgischen Wegweiser der Evangelischen Kirche in Hessen und Nassau (EKHN): „Darum loben die Engel deine Herrlichkeit, beten dich an die Mächte und fürchten dich alle Gewalten. Dich preisen die Kräfte des Himmels mit einhelligem Jubel und bekennen ohne Ende: Heilig, heilig, heilig ..."[10]

In der Eucharistiefeier der katholischen Kirche ist das Gedächtnis an das Abendmahl Jesu durch die Gesten des Zelebranten unterstrichen: Nach den Worten „das ist mein Leib ...“ erhebt er das Brot und zeigt es der Gemeinde, und nach den Worten „das ist der Kelch des neuen und ewigen Bundes ...“ erhebt er ebenso den Kelch. Beides wird mit einer Verneigung oder einer Kniebeuge verehrt. Aber die Worte, die an das Mahl Jesu erinnern, sind keine Reinszenierung. Sie sind eingebettet in ein Gebet, das sich an Gott richtet. Von theologisch entscheidender Bedeutung ist, dass in diesem Gebet Gottes Geist erbeten wird, der in dem liturgischen Geschehen die eigentlich handelnde Person ist. Gott handelt in der Eucharistie durch seinen Geist, oder besser: mit seiner „Geistkraft“, die unsere Wirklichkeit verwandelt – so lässt sich in biblischer Sprache treffender sagen. Denn die Bibel meint mit dem heiligen Geist nicht Geister oder Gespenster, die erscheinen, sondern gewöhnlich eine besondere Kraft, die Menschen spüren und die sie mit Gott verbindet.

In dem Teil des Hochgebets, der liturgietheologisch *Epiklese* (Herabrufung) genannt wird, spricht der Priester: „Sende deinen Geist auf diese Gaben herab und heilige sie, damit sie uns werden Leib und Blut deines Sohnes, unseres Herrn Jesus Christus.“[11] Mit der Kraft seines Geistes zieht Gott den Tisch seines Sohnes so weit aus, dass unzählbar mehr Menschen daran Platz finden als die,

die sich beim letzten Mahl um ihn geschart hatten. Sie versammeln sich mit der gesamten Schöpfung für Gott zu einem gemeinsamen Opfer des Lobes. So heißt es im dritten eucharistischen Hochgebet: „Ja, du bist heilig, großer Gott, und alle deine Werke verkünden dein Lob. Denn durch deinen Sohn, unseren Herrn Jesus Christus, und in der Kraft des Heiligen Geistes erfüllst du die ganze Schöpfung mit Leben und Gnade. Bis ans Ende der Zeiten versammelst du dir ein Volk, damit deinem Namen das reine Opfer dargebracht werde vom Aufgang der Sonne bis zum Untergang."

Meine folgenden exegetischen Überlegungen zu den Anfängen der Eucharistie beginne ich daher nicht mit dem Abendmahlssaal, sondern bewege mich vom 2. und 3. Jahrhundert aus zu ihren Ursprüngen bei Jesus zurück. Mit einer *tour d'horizon* entlang dem weitgespannten Panorama ihrer frühchristlichen Formen in nachneutestamentlicher Zeit soll im ersten Kapitel unser Weg beginnen. Danach möchte ich im zweiten Kapitel mit der Johannesoffenbarung eine relativ späte Schrift im Neuen Testament auf ihr Zeugnis von der Eucharistie hin untersuchen. Möglicherweise wird sie hier einen zu breiten Raum bekommen. Sie hat aber bei der Frage nach der Eucharistie eine größere Beachtung verdient. Für einen christlichen „Blick zurück nach vorn" in der aktuellen globalen Situation ist diese Schrift mit ihren Visionen weltweiter Katastrophen und Krankheiten besonders aussagekräftig. Das folgende dritte Kapitel geht auf die Zwölf-Apostel-Lehre ein. Diese frühe Kirchenordnung hat zwar nicht in das Neue Testament Eingang gefunden, ist aber etwa zeitgleich zu dessen Spätschriften entstanden und ein wichtiges Zeugnis für die Entwicklung der Eucharistie in neutestamentlicher Zeit. In den letzten beiden Kapiteln komme ich dann bei der Abendmahlsüberlieferung und der nachösterlichen Entstehung der Eucharistiefeier an, um schließlich heutige eucharistische Praxis einem prüfenden Blick aufgrund des exegetischen Befundes auszusetzen.

Erstes Kapitel

Brot, Wein, Oliven und vieles mehr

„Jesus gebraucht die Elemente der Natur, um die Gegenwart des Reiches Gottes zu zeigen. Das Osterlamm, das er jährlich gegessen hat, die Speisen bei den Gastmählern und Hochzeitsessen, Fisch und Honig, Brot und Wein beim Abendmahl, alles stellt die Schöpfungswelt dar, die den Menschen am Leben erhält"[12] – so hat Jesus nach Gottfried Bachl gefeiert. Fisch, Honig, Brot und Wein, all das ist für Jesus und das entstehende Christentum im Mahl Zeichen des neuen Lebens von Gott geworden. Auffälligerweise erzählen die Evangelien aber nicht, dass Jesus das Paschalamm gegessen hat. Nur ein einziges Mal feiert Jesus in den Evangelien das Paschamahl, und vom Paschalamm sprechen sie dabei gerade nicht. Überhaupt fehlt das Fleisch in der *Cuisine de Sacrifice*[13] beim eucharistischen Mahl der ersten Jahrhunderte. Die Eucharistie ist von ihren Anfängen her ein Festmahl, das den Menschen vom Zwang befreit, „sich

im sozialen Verhalten von seinesgleichen zu er-
nähren".[14] Bei der Eucharistie durchbricht Essen
und Trinken den Teufelskreis, in dem „alles Leben
(...) aus gestorbenem und getötetem Leben"[15]
kommt.

Eucharistie reduziert auf den Überfluss

In der Zeit, als die Eucharistie sich als unter-
scheidbares Sakrament etabliert hat, wurde sie als
ein ritualisiertes Essen und Trinken mit trocken
Brot und Wein gefeiert, so wie es von Jesus beim
Abendmahl berichtet wird.[16] Damit zusammen-
hängend, aber davon unterschieden, wurden auch
nahrhaftere Mahlzeiten gehalten. Diese Entwicklung zeichnet sich allerdings erst im 3. Jahrhundert ab. Am Anfang waren Brot und Wein zwar oft
die wesentlichen Speisen bei der Eucharistie, aber
längst nicht überall. Brot und Wein wurden in der
Frühzeit nicht in einem ritualisierten Mahl als
symbolische Speisen eingenommen, sondern als
eine Hauptmahlzeit, die satt machte. Ein beson-
deres Brot und ein besonderer Kelch wurden dabei durch das Gebet hervorgehoben, und daneben
wurden weitere Brote und Kelche beim Mahl verteilt.

Zu Brot und Wein gab es aber oft auch weitere
Beilagen. *Opson* oder *optos* (wörtlich: Gebratenes

oder Gekochtes) wurde auf Griechisch alles genannt, was zum Brot dazugegessen wurde, am einfachsten Salz, aber auch anderes, was dem Brot Würze gab. Zum Beispiel konnte es gebratener Fisch sein. Nach Lukas haben die Jünger dem auferstandenen Jesus solchen Fisch gereicht, als er ihnen in Jerusalem erschien und sie um etwas zu essen bat. Brot, Beilagen (*opson*) und Wein, diese drei gehörten zu einer gewöhnlichen Mahlzeit in der Umwelt des ersten Christentums. Manche Handschriften nennen hier mit dem Fisch auch eine Honigwabe als Speise (Lk 24,42–43).

Bei der Taufeucharistie konnten zusätzlich zu Brot und Wein auch Milch und Honig genossen werden als Erinnerung an die biblische Verheißung von Israel als dem Land, in dem Milch und Honig fließen. Bei der Eucharistiefeier einer Bischofsweihe werden nach der Kirchenordnung der „Apostolischen Überlieferung" Anfang des 3. Jahrhunderts neben Brot und Wein auch Käse und Oliven dargebracht, und das Gebet bittet mit diesen beiden Gaben der Natur um nicht-materielle Geschenke Gottes: „Heilige diese fest gewordene Milch und festige uns in deiner Liebe. Lass auch diese Frucht des Olivenbaums deiner Süße nicht entbehren. Sie ist ein Beispiel deines Überflusses, den du vom Baum hast strömen lassen, um denen Leben zu geben, die auf dich hoffen."[17]

In der Vielfalt überlieferter eucharistischer Speisen gibt es aber auch eine auffällige Leerstelle: *Fleisch ist in den erhaltenen frühchristlichen Zeugnissen über das eucharistische Mahl nicht belegt.* Das könnte einer Erinnerung daran entstammen, dass das erste Nahrungsgebot in der Bibel vegetarische Kost verordnet. Gegen Ende des ersten Schöpfungsberichts heißt es: „Siehe, ich gebe euch alles Gewächs, das Samen bildet auf der ganzen Erde, und alle Bäume, die Früchte tragen mit Samen darin. Euch sollen sie zur Nahrung dienen" (Gen 1,29). Die Menschen, die Tiere der Erde und die Vögel des Himmels bekommen alle von Gott die gleiche fleischlose Nahrung.

Fleischverzicht war schon vorchristlich bei den Pythagoräern philosophisch motiviert. Er lässt sich aber auch im jüdischen Umfeld des entstehenden Christentums finden. Bei dem Tora-Philosophen Philo von Alexandrien ist die Schrift über eine Gruppierung erhalten, die er Therapeuten nennt. Diese waren eine jüdische Bewegung, die sich aus der Zivilisation der Städte zurückgezogen hatte. Therapeutinnen sind dabei eigens zu nennen, denn zu dieser Rückzugsbewegung gehörten Frauen und Männer. Ihren Namen erklärt Philo mit der zweifachen Bedeutung von *therapeuein*: Es meint Heilen und Dienen vor Gott. Auch für Jesus wird das Wort regelmäßig verwendet, wenn er Krankheiten behandelt und heilt. Aus den Großstädten hatten sich die Therapeutinnen und Therapeuten zurückgezogen, weil sie deren aufwändige Gastmähler und den damit verbundenen Luxus ablehnten. Sie lebten in bescheidenen Häusern an gesunder, frischer Luft bei einem See in der Nähe von Alexandria. Bei ihren Mahlzeiten ließen sie sich nicht von Sklavinnen oder Sklaven bedienen. Sklaverei lehnten sie als unnatürlich ab, weil alle Menschen von Natur aus frei geboren seien. Ungerechtigkeit und Gier hätten Menschen dazu verführt, ihresgleichen als Sklaven zu unterdrücken. Nach ihren Vorstellungen von einem gesunden Leben gemäß der Natur verzichteten sie beim Mahl auf alles Fleisch. Ihr Brot aßen sie mit Salz und Ysop-Sauce. Dazu tranken sie nur das „klareste Wasser", im Allgemeinen kaltes, und warmes nur für ältere Männer, die vorher ein luxuriöseres Leben gewohnt waren.[18]

Fleischverzicht gehört auch zur Lebensform, die der judenchristliche Historiker Hegesipp von dem „Herrenbruder" Jakobus überliefert. Um das Jahr 63 n. Chr. wurde dieser in Jerusalem gesteinigt, und unter seinem Namen ist auch ein Brief im Neuen Testament erhalten. Hegesipp zufolge aß Jakobus kein Fleisch und hatte sich auch sonst einer strengen Askese unterworfen: Er trank keinen Wein; ein Rasiermesser ließ er nicht an sein Haupt; er salbte sich nicht mit Öl und besuchte keine Bäder. Seine Lebensweise dürfte für eine größere Gruppe von Christen vorbildhaft gewesen sein, denn im ersten Timotheusbrief zeichnet sich eine Auseinandersetzung mit ähnlichen Idealen ab. Timotheus wird empfohlen, nicht nur Wasser zu trinken, sondern auch etwas Wein „mit Rücksicht auf deinen Magen und deine häufigen Krankheiten" (1 Tim 5,23). Diese Ermahnung gilt wohl nicht nur Timotheus, sondern einer christlichen Bewegung, die Wein als Zeichen eines übertriebenen Luxus abgelehnt hat.

Von Jakobus ist nicht überliefert, ob er trotz seiner Abstinenz wenigstens beim eucharistischen Mahl Wein getrunken hat. Allerdings ist der Gebrauch eines Wasserkelchs an Stelle von Wein bei der Eucharistie im frühen Christentum in einer asketischen Bewegung erkennbar, die an verschiedenen Orten belegt ist. Nach dem griechischen Wort für Selbstbeherrschung und Enthaltsamkeit (*enkrateia*) wurden sie schon im antiken Christentum „Enkratiten" genannt. Auch hier schließt die männliche Bezeichnung Enkratitinnen ein, denn nach den Quellen gehörten Frauen dazu. Vielfach verzichteten Enkratitinnen und Enkratiten nicht nur auf alkoholische Getränke, sondern auch auf Fleisch. Sie standen damit in einer Reihe mit den erwähnten jüdischen und griechisch-philosophischen Bewegungen.

Das Wort Jesu zu der Samariterin am Jakobsbrunnen (Joh 4,14) wurde in enkratitischen Kreisen nicht auf die Taufe, sondern auf die Eucharistie hin gedeutet: „Wer von dem Wasser trinkt, das ich ihm geben werde, wird niemals mehr Durst bekommen; vielmehr wird das Wasser, das ich ihm gebe, in ihm zu einer Quelle werden, deren Wasser ins ewige Leben fließt." Da Jesus vom Trinken des Wassers spricht, haben sie Jesus so verstanden, dass er damit einen Kelch mit Wasser bei der Eucharistie gemeint hatte.

Mit ihrer Askese verbanden die Enkratitinnen und Enkratiten wie die jüdischen Therapeutinnen und Therapeuten gesellschaftskritische Positionen. Sie verweigerten sich den Menschen zerstörenden Mechanismen im antiken Wirtschafts- und Unterhaltungsbetrieb. Mit ihrer enthaltsamen Lebensweise protestierten sie gegen die bestürzenden Erfahrungen von Gewalt im Alltag, im Umgang mit Sklavinnen und Sklaven wie auch in Massenveranstaltungen. Exemplarisch ist das Zeugnis von Tatian, einem syrischen Christen, der seine Kritik an der Brot-und-Spiele-Politik in Rom Mitte des 2. Jahrhunderts so formuliert hat: „Ihr schlachtet Tiere, um ihr Fleisch zu essen; und ihr kauft Menschen für das kannibalische Mahl der

Seele, um sie mit dem gottlosesten Blutvergießen zu nähren. Der Räuber begeht Mord, um zu plündern, aber der Reiche kauft Gladiatoren, damit sie getötet werden."[19]

Mit dem drastischen Ausdruck vom „kannibalischen Mahl der Seele" verurteilt Tatian die Massenunterhaltung bei den römischen Spielen, die in der Kaiserzeit ein blutiges und bestialisches Spektakel geworden waren. Er enttarnt aber auch eine Mahlkultur, die allzu oft Opfer kostet, die den Speisenden verborgen bleiben, nicht nur in der Antike. Essen und Trinken ist in archaischer Weise in Gewaltkreisläufe eingebunden. Etwas „vernichtet zu haben" drückt in vulgärer Weise aus, dass man es aufgegessen hat. Für das Essen im Paradies sollten nach der Bibel keine Lebewesen vernichtet werden, deshalb war es vegetarisch. Die Eucharistie hatte diese paradiesische Esskultur wachgehalten. Die Geschichte des Essens und Trinkens von Menschen ist begleitet vom ständig drohenden Kulturverlust. Die asketische Lebensweise der enkratitischen Bewegung widersetzte sich der verbreiteten Ausbeutung von Mensch und Natur. Dagegen betonte sie die kreatürliche Verbundenheit von Mensch und Tier.

Die Eucharistie in den Philippus-Akten

Die Beziehung zwischen Mensch und Tier im Zusammenhang mit dem eucharistischen Mahl zeigt
eine kuriose Begebenheit aus den Philippus-Akten, die zu den legendarischen Apostel-Überlie-
ferungen im frühen Christentum gehören. Dem-
nach soll die Eucharistie nicht nur die Menschen
davor bewahren, „ein naturhaft verschlingendes
Wesen"[20] zu werden. Die Philippus-Akten stammen wohl aus enkratitischen Kreisen in Phrygien
im Zentrum der heutigen Türkei. Wahrscheinlich
spiegelt ihre Schilderung der Eucharistie die da-
malige Praxis in den dortigen Gemeinden wider.
Mariamne – so lautet im Griechischen der Name
der Schwester des Philippus – bereitet Brot und
Salz für das Brotbrechen vor, eine Tätigkeit, die
die Akten offenbar zu den Aufgaben einer Diako-
nin zählten.[21] Dazu wurde bei der Eucharistie ein
Becher mit Wasser getrunken.

Im Kapitel 12 der Philippus-Akten tragen zwei
Tiere dem Apostel ihre sonderbare Bitte vor. Ein
Leopard und ein Zicklein hatten bereits das Wort
Gottes von ihm vernommen und waren von ihm
getauft worden. Danach verstehen sie menschliche Sprache und haben menschliche Sitten angenommen, aber ihre Tiersprache und Tiergestalt
haben sie behalten.

Nachdem Philippus seinem Mitapostel Bartholomäus und seiner Schwester Mariamne die Eucharistie gereicht hat, sieht er die beiden in Tränen aufgelöst. Auf seine Frage hin erklärt der Leopard Philippus in wohlgesetzter Rede: „Wir waren Tiere ohne Verstand und haben in Unkenntnis gelebt bis zu dem Tag, an dem unsere Augen Euch gesehen haben. Ich habe mich von Fleisch und Blut genährt, und die Dunkelheiten der Nacht waren für mich wie das Licht am Tag. Kaum dass sich der Tag erhob, habe ich mich im Wald verborgen. Aber in dem Augenblick, als Ihr über die Berge gekommen seid, kamen Furcht und Plage über uns. Meine tierische Natur hat sich gezähmt und wurde in Güte verwandelt. Ich habe mich davon enthalten, das Zicklein dort zu fressen, weil die Kraft Gottes über uns gekommen ist."[22]

Der Leopard erinnert Philippus an die verschiedenen Schritte seiner Bekehrung. Dabei klingt in der Erzählung das biblische Motiv vom Tierfrieden an, das gewaltlose Zusammenwohnen von Wild- und Nutztieren, wie es etwa Jesaja verheißt (11,6–8). Nach Jesaja wohnt der Panther beim Böcklein (11,6b), hier der Leopard beim Zicklein. Mit ihrer Bekehrung zu Christus war Gottes Friede unter den beiden Tieren eingezogen.

Darauf kommt der Leopard zum eigentlichen Anliegen der beiden: „Und jetzt weinen wir, weil

Ihr uns noch nicht der Eucharistie für würdig gehalten habt. (...) Wir haben sogar die Stimme (des einziggeborenen Sohnes) gehört und wir haben die Herrlichkeit eurer Bitten und Segensgebete wahrgenommen. Wenn er uns sogar für würdig gehalten hat, an all diesen Wundern teilzunehmen, warum haltet Ihr uns jetzt nicht für würdig, die Eucharistie zu empfangen? Deshalb weinen wir und leiden."[23] Eine theologische Begründung unterstützt die Bitte der beiden um den Empfang der Eucharistie: „Wahrhaftig wohnt Gott in uns. (...) Deshalb bitten wir euch, dieses Wunder der Herrlichkeit von Gott zu empfangen, der über jedes Wesen wacht, sogar über die wilden Tiere, wegen seiner großen Barmherzigkeit!"[24] Philippus lässt sich von der Rede des Leopards überzeugen und sieht in der Bitte der beiden das Zeichen, dass Gott durch Jesus Christus alle geschaffenen Wesen bei seiner rettenden Wiederkunft besuchen wird. Der Apostel bekennt: „Nicht nur für die Menschen, sondern auch für das Vieh sorgt Gott, und für jedes Lebewesen."[25]

Leopard und Zicklein empfangen die Kommunion offenbar aus einem Kelch mit Wasser, so wie die Eucharistie enkratitisch praktiziert wurde. Dabei erfahren sie eine weitere Verwandlung in menschliche Wesen. Die beiden Tiere können füreinander da sein und miteinander essen, ohne dass eines das andere verschlingt oder vom anderen verschlungen wird. Die Tiere teilen im eucharistischen Mahl die Esskultur der Menschen.

Scheinbar habe ich mich damit weit von der Frage nach Jesus und der Eucharistie entfernt. Aber nach dem Markusevangelium bewegt die friedliche Beziehung mit der nicht-menschlichen Kreatur Jesus zu seinem ersten öffentlichen Auftreten. In der kurzen Fassung der Versuchung bei Markus bleibt Jesus vierzig Tage in der Wüste. Tag und Nacht, Wärme und Kälte der kahlen Natur ausgesetzt, lebt er dort „mit den wilden Tieren und die Engel dienten (*diêkonoun*) ihm" (Mk 1,13). Bei Markus wird nicht gesagt, dass Jesus gefastet hat, aber sicher bedient sich Jesus nicht der wilden Tiere – Haustiere gibt es in der Wüste nicht – zur Nahrung. Er lebt im ursprünglichen Frieden zwischen Mensch und Tier, wie ihn Gott bei seinem ersten Schöpfungssegen (Gen 1,29) bestimmt hat. Dabei hält er ein Mahl, bei dem ihn Engel bedienen. Der Dienst bei Tisch ist eine häufige Bedeutung des griechischen Verbs *diakoneô*. Wenn Engel dienen, ist es ein heiliges Mahl, das Jesus hier feiert, ein Mahl, das ihm vom weiten Himmel über der Wüste bereitet wird. Nach diesem Wüstenmahl beginnt Jesus zu verkünden: „Die Zeit ist erfüllt, das Reich Gottes ist nahe. Kehrt um und glaubt an das Evangelium" (1,15).

In der Eucharistie wurde in der frühchristlichen Zeit mehr als menschliche Gemeinschaft gefeiert. Sie war eine Feier der Gemeinschaft mit Gott, aber auch mit der nicht-menschlichen Kreatur. Damit wurzelt sie in der Schöpfungsfreude Jesu. Mit der Johannesoffenbarung komme ich im nächsten Kapitel in die späte Zeit der neutestamentlichen Schriften, also in die 90er-Jahre des 1. Jahrhunderts. In der Offenbarung ist das Mahl ebenfalls das Symbol der endzeitlichen Vollendung der gesamten Schöpfung.

Zweites Kapitel

Wie der auferstandene Jesus Eucharistie gewollt hat

Die Johannesoffenbarung will mit ihren Bildern vom heiligen Mahl politische Widerstandskraft geben. *Wie Jesus Eucharistie gewollt hat, teilt er nach dieser Schrift als Auferstandener dem Seher Johannes mit. Essen, Trinken und die Mahlgemeinschaft haben tragende Bedeutung im letzten Buch der Bibel.*

   Die Johannesoffenbarung ist eine prophetische Schrift. Johannes war ein jüdisch-christlicher Prophet. Er gehörte zusammen mit anderen zu einem Kreis oder zu einer Art Schule, die sich im Auftrag Gottes an verschiedene Gemeinden richtete (vgl. 22,9). Propheten empfingen Worte oder Visionen und verkündeten diese in den Gemeinden, indem sie das Ich dessen annahmen, der zu ihnen gesprochen hatte. Der Prophet Johannes spricht in der Schrift oft mit dem Ich des auferstandenen Jesus. Weissagungen und visionäre Erfahrungen hat er in seiner Schrift mit vielen biblischen Bezügen und Bildern verarbeitet. Viele von ihnen sind rätselhaft, aber immer noch eindrucksvoll. Seine Schrift ist die schriftgelehrte Exegese seiner prophetischen Erfahrungen, niedergeschrieben wohl an einem Schreibtisch auf der Insel Patmos. Von der Insel aus ist seine Schrift dann wohl als Rundbrief an sieben Gemeinden in Kleinasien von der Westküste der heutigen Türkei bis ins Landesinnere verschickt worden.

Den Auftrag, seine Offenbarungen weiterzugeben, hat Johannes nach seinem eigenen Zeugnis an einem Tag des Herrn empfangen (1,10), als er sich abgeschieden von den Gemeinden am Festland auf Patmos aufhielt. Die Erwähnung des Herrentages ist einer der frühen Belege dafür, dass dieser Tag in den christlichen Gemeinden als erster Tag der Woche den Sabbat für die gottesdienstliche Versammlung abgelöst hat. Auf der Insel erscheint dem Johannes der Auferstandene als einer „gleich einem Menschensohn" (1,13). Der „Menschensohn" ist eine himmlische Gestalt, von der die jüdische Zukunftshoffnung zur Zeit des Neuen Testaments die Ablösung aller unmenschlichen Herrschaften erwartete. Kopf, Augen, Füße und Stimme des Auferstandenen sind Menschen gleich, aber dennoch machtvoll und durchsetzungskräftig (1,14–15). Die Gemeinden, an die sich die Johannesoffenbarung richtet, gehörten zur römischen Provinz Asia. Sie litten unter der politisch-militärischen Bedrängnis durch die kaiserliche Macht in Rom. Der Auferstandene, der Johannes erscheint, ist keine mythologische Gestalt, die im Himmel bleibt. Er kommt und stellt sich als eine menschliche Herrschergestalt an die Seite seiner Glaubenden.

Jesus klopft an die Tür

Beim Mahl zeigt der Auferstandene seine machtvolle Nähe, ohne dass sie überwältigt. Jesus selber bittet um Einlass.[26] Er beauftragt den Seher Johannes mit sieben Sendschreiben an die Gemeinden in Kleinasien, und am Ende dieser Briefe spricht er: „Siehe, ich stehe vor der Tür und klopfe an. Wenn einer meine Stimme hört und die Tür öffnet, bei dem werde ich eintreten und Mahl mit ihm halten (*deipnêsô*) und er mit mir" (Offb 3,20).

Jesus steht draußen an der Tür und klopft. Er wird kommen und mit denen Mahl halten, die ihm öffnen. Das erinnert an ein Gleichnis Jesu in den Evangelien (Lk 12,36–38). Jesus gibt den Jüngerinnen und Jüngern als Vorbild Dienstleute, die auf ihren Herrn warten, der von einer Hochzeitsfeier zurückkommt. Auch wenn sich sein Kommen verzögert und er erst spät anklopft, sollen sie wach bleiben und achtsam sein (Lk 12,36). Glücklich sind die, die ihrem Herrn dann öffnen können: „Selig die Knechte, die der Herr wach findet, wenn er kommt! Amen, ich sage euch: Er wird sich gürten, sie am Tisch Platz nehmen lassen und sie der Reihe nach bedienen" (Lk 12,37). Das Gleichnis stammt vermutlich aus der Spruchüberlieferung Jesu. Beim Mahl mit dem heimgekommenen Hausherrn werden die irdischen Herrschaftsverhältnisse umgekehrt. Der Herr serviert an Stelle der Dienstleute, und die Dienstleute nehmen am Tisch den Platz ihres Herrn ein.

In der Johannesoffenbarung hat das Gleichnis Jesu eine Relecture erfahren. Wenn der Auferstandene zum Mahl eintritt, geht die Veränderung der hierarchischen Beziehungen noch weiter als im Gleichnis in den Evangelien. Herrschaftsverhältnisse haben sich in Beziehungen auf Augenhöhe verwandelt. Aus dem Über- oder Untereinander ist ein vertrautes Miteinander geworden. Das Zusammensein beim Mahl ist vergleichbar mit den Liebenden im Hohelied des Alten Testaments oder in der mittelalterlichen Liebeslyrik, und doch ist es anders. „Ich gehöre meinem Geliebten, und mein Geliebter gehört mir", spricht die Geliebte im Hohelied (6,3). Im mittelhochdeutschen Minnelied heißt es: *Dû bist mîn, ich bin dîn. Des solt du gewis sîn. Dû bist beslozzen in minem herzen; Verlorn ist daz slüzzelîn: Dû muost ouch immer darinne sîn.*[27]

Der Liebende versichert die Geliebte seiner Liebe. Sie bleibt für immer in sein Herz geschlossen. Das Fesselnde der Liebe ist beim Mahl mit dem Auferstandenen nicht da. Die Geliebte ist nicht gefangen in der Herzenskammer des Liebenden, kein Schlüssel ist verloren. Jesus und die Menschen, die ihm öffnen, werden eine Mahlgemeinschaft, aber sie verleiben einander nicht ein; sie vereinnahmen einander nicht. Sie halten miteinander ein Mahl der Freiheit ohne einen herrscherlichen Druck wie den, dem die Christen in ihrer Umwelt ausgesetzt waren.

Auf diese Mahlverheißung folgt in der Johannesoffenbarung eine Himmelsvision in den Kapiteln 4 und 5. Nicht der Auferstandene tritt durch die Tür ein, sondern dem Seher Johannes öffnet sich umgekehrt eine Tür zum Himmel (4,1). Er wird in Gottes Thronsaal hereingelassen und erlebt, wie im Himmel die Auferstehung Jesu gefeiert wird. Ein geschlachtetes Lamm nimmt Platz beim Thron; es empfängt eine siebenfach versiegelte Buchrolle, das himmlische Regiebuch für die gesamte folgende Schrift. Es ist das Buch der Weltgeschichte: eine Heilige Schrift, in der alle Gottes Wort lesen und verstehen können. In jedem Ereignis des Lebens und der Geschichte wird erkennbar werden, was Gott den Menschen damit sagen wollte. Noch ist es versiegelt, aber in der

Folge wird das Lamm Siegel für Siegel des Buches öffnen.

Erst gegen Ende der Schrift greift die Johannesoffenbarung die Mahlgemeinschaft vom Anfang wieder auf. Der Seher erhält einen himmlischen Schreibauftrag mit Worten, die er denen ausrichten soll, die seine Schrift lesen und hören: „Jemand sagte zu mir: Schreib auf: Selig, wer zum Hochzeitsmahl (*deipnon*) des Lammes eingeladen ist! Dann sagte er zu mir: Das sind zuverlässige Worte Gottes" (19,9). Das griechische Wort für Mahl (*deipnon*) bezieht sich zurück auf die Mahlverheißung am Anfang. Jetzt geht in Erfüllung, was der Auferstandene am Anfang verheißen hat: Er wird mit denen Mahl halten (*deipnêso*), die ihn vorher mit seiner Botschaft in ihr Leben eingelassen haben. Zwischen Gast und Gastgeber gibt es keinen Unterschied mehr. Niemand muss mehr bedienen und niemand wird bedient, alle sitzen gemeinsam zu Tisch beim himmlischen Hochzeitsmahl.

Ein Mahl mit politischer Widerstandskraft

Die Offenbarung ist gegen Ende des 1. Jahrhunderts ein eindrückliches Zeugnis dafür, wie die Verkündigung Jesu zu einer reflektierten prophetischen Gesellschaftskritik verarbeitet ist. Ihr politischer Gegner war ein übermächtiger römischer Staat. Als Zivilreligion verlangte er bedingungslos die Verehrung des Kaisers und seiner Institutionen. Für Kleinasien war Rom die Schutzmacht, die den Frieden gewährte. Deshalb hatten sich die kleinasiatischen Städte dem Kaiserkult angeschlossen, ihn sogar schon verbreitet, bevor er in Rom üblich wurde. Dies geschah mit einer riesigen Bildpropaganda. Die Medienpräsenz der kaiserlichen Macht war enorm. Dies ist eine der wichtigsten Erklärungen, warum die Offenbarung gerade mit Bildern arbeitet, um Christen in dieser Situation zu helfen. Sie ist eine Gegenprophetie zur kaiserlichen Propaganda.

Aber die römische Macht zog auch an. Sie versprach Sicherheit. Sie belohnte das Volk, das sich fügte, mit öffentlichen Banketten und Unterhaltungsprogrammen. Das himmlische Hochzeitsmahl ist für die Gemeinden noch nicht gekommen. Mit der Hoffnung darauf stärkt der Auferstandene Christinnen und Christen in ihrer Widerstandskraft. Sie treten in der Offenbarung in eine Symbolwelt ein, deren himmlische Strahlkraft sie darin unterstützt, die römische Gesellschaft und ihre Propaganda in einem anderen Licht zu sehen.

In der Mitte des himmlischen Hochzeitsmahls steht ein Lamm. Auch das Böse kann die Gestalt eines Lammes mit zwei Hörnern annehmen (vgl. 13,2 und 11). Aber das Lamm am Himmelsthron trägt eine deutlich sichtbare Schächtwunde. Anders das Böse: Das Böse gibt sich als unverwundbar. Es will vortäuschen, dass es kein Leid gebe, dass es jede Krankheit heilen könne. Es verführt durch scheinbar ewig fließende Jungbrunnen, die eine immer frische Wellness versprechen. Gottes Lamm ist dagegen erkennbar an seiner Schlachtung. Es behält die tödliche Wunde, die ihm zugefügt worden ist. Das Lamm steht für den gekreuzigten Jesus. Auch als Auferstandener zeigt Jesus den Jüngern seine Wundmale; er zeigt ihnen, dass er als Verwundbarer und Verwundeter gesiegt hat. In der Offenbarung ist es das geschächtete Lamm, das sich zu den Menschen in der großen Bedrängnis gesellt und sie zum Mahl an die Wasser des Lebens führt (vgl. 7,16–17).

Wie weit die Mahlbilder der Offenbarung mit einem Mahl in den Gemeinden verbunden waren, ist umstritten. Der amerikanische Neutestamentler David E. Aune hat in seinem dreibändigen Kommentar zur Offenbarung die Schrift mit einer Fülle an biblischen und außerbiblischen Quellen überzeugend in ihrer geschichtlichen Situation verständlich gemacht. Über die Frage nach dem Mahl in den Gemeinden schreibt er: „In einem christlichen Kontext ist es natürlich, bei dem

Mahl an das Herrenmahl zu denken, bei dem der auferstandene Jesus gegenwärtig war (vgl. Lk 24,30–31)", und er begründet: „Das Teilen des Essens war vielleicht die häufigste Art, eine heilige Verbindung zwischen Einzelnen zu schaffen und zwischen Einzelnen und ihrer Gottheit."[28] Sicher ist, dass die Johannesoffenbarung wie keine andere Schrift in der Bibel die Entwicklung von Eucharistie und Liturgie geprägt hat.

Mahl und Lobpreis

Das Mahl des Lammes ist begleitet vom Lobpreis der ganzen Schöpfung. Im Himmel hat er schon begonnen. Wer dem Auferstandenen auf Erden öffnet, um mit ihm Mahl zu halten, tritt in diesen himmlischen Lobpreis ein. Er nimmt wie Johannes teil an der himmlischen Auferstehungsfeier für das Lamm, das geschlachtet wurde. Gottes Lobpreis im Himmel hat der Seher in seiner Vision so beschrieben: „Und vor dem Thron war etwas wie ein gläsernes Meer, gleich Kristall. Und in der Mitte des Thrones und rings um den Thron waren vier Lebewesen voller Augen, vorn und hinten. Das erste Lebewesen glich einem Löwen, das zweite einem Stier, das dritte sah aus wie ein Mensch, das vierte glich einem fliegenden Adler. Und jedes der vier Lebewesen hatte sechs Flügel, außen und innen voller Augen. Sie ruhen nicht, bei Tag und Nacht, und rufen: Heilig, heilig, heilig ist der Herr, der Gott, der Herrscher über die ganze Schöpfung; er war und er ist und er kommt" (Offb 4,6–8).

Die vier Tiere stammen ursprünglich aus der Eröffnungsvision im Propheten Ezechiel (Ez 1,5–25), und ihr Lobgesang ist das Dreimal Heilig der Serafim aus dem Buch Jesaja, ebenfalls aus der Berufungsvision des Propheten (Jes 6,3). Das Dreimal Heilig war zur Zeit des Neuen Testaments als *Qeduscha* schon Teil jüdischer Liturgien. Von dort hat es in die christlichen Liturgien Eingang gefunden. Die vier Tiere sind ebenfalls in der Liturgie und in der Kirchbaukunst aufgegriffen worden. Im Tympanon des Mittelportals der Kathedrale in Chartres umgeben die vier Lebewesen den Auferstandenen, der in einer Gloriole erscheint. Das Bildprogramm des Portals bereitet die Eintretenden darauf vor, was sie im Kirchenraum in der Liturgie erwartet. Im Kirchenraum hört die Gemeinde das Wort Gottes, das ihr von seinem himmlischen Thron aus den vier Evangelien verkündet wird. Seit dem Kirchenvater Irenäus von Lyon († ca. 202) wurden diese vier Lebewesen als die vier Evangelien gedeutet, meist in der Reihenfolge wie bei Ezechiel: Engel (oder Mensch) = Matthäus, Löwe = Markus, Stier = Lukas, Adler =

Johannes (vgl. Ez 1,10). Sie sollen alle vier Teile der Welt erreichen, aus denen die vier Winde kommen. Diese Deutung ist in der westlichen Kirche traditionell geworden.

Für die ursprüngliche Johannesoffenbarung ist eine andere Deutung wahrscheinlicher: Die vier Tiere repräsentieren die Schöpfung vor Gottes Thron. Sie gehören zu der himmlischen Welt, die Gott bereits die Ehre gibt. Ihre Reihenfolge ist auch anders als bei Ezechiel. Sie stehen für jeweils eine Art von Lebewesen in der Schöpfung: Der Löwe repräsentiert die ungezähmten, wilden Landtiere am himmlischen Thron, der Stier oder der Ochse steht für die gezähmten Haustiere, der Adler für die Vögel und das Wesen mit dem menschlichen Gesicht für die Menschenwesen. Stellvertretend für die anderen Lebewesen ihrer Art stehen sie schon staunend bei Gottes Thron und bleiben unablässlich wach, um Gott zu loben. Deshalb sind sie über und über mit Augen besetzt. Ihr Lob, das im engsten Umkreis um den himmlischen Thron beginnt, weitet sich schon in der ersten Vision aus. Ihm schließen sich Scharen von weiteren Engeln an (5,11–12), schließlich stimmt jedes Geschöpf im Himmel, auf der Erde, unter der Erde und auf dem Meer mit den vier Lebewesen in den himmlischen Lobpreis über den Sieg des geschlachteten Lammes ein.

Das Sanctus

Das Dreimal Heilig, das die vier Lebewesen dar-
bringen und das die jüdische Liturgie schon in
neutestamentlicher Zeit als *Qeduscha* kannte, entspricht dem Sanctus in den Mahlliturgien der
christlichen Kirchen. Das Gotteslob der Serafim
bei Jesaja ist in jüdischen und frühchristlichen
Zeugnissen oft neu akzentuiert und erweitert
worden, vor allem in der zweiten Zeile.

> *Heilig, heilig, heilig ist der* HERR *der Heerscharen.*
> *Erfüllt ist die ganze Erde von seiner Herrlichkeit.*

So lautet der Lobgesang, wie ihn Jesaja (6,3) wie-
dergibt. Die späteren Veränderungen und Erweite-
rungen passten die *Qeduscha* dem jeweiligen literarischen oder liturgischen Kontext an. In dieser
Tradition ist auch das Sanctus in der Eucharistiefeier erweitert. Mit „Gelobt sei, der da kommt im
Namen des Herrn, Hosanna in der Höhe"[29] bereitet sich die Gemeinde auf ein zweifaches Kommen
vor – dass Christus in der Eucharistie zu ihr
kommt, aber auch auf sein endgültiges Kommen
in die Welt.

In der Johannesoffenbarung ist im Lobpreis
der vier Lebewesen die zweite Zeile geändert. An
Stelle von „Erfüllt ist die ganze Erde von seiner
Herrlichkeit" preisen die Lebewesen Gott, weil

„er war und er ist und er kommt" (4,8). Der Grund dafür ist nicht eine negative Sicht auf die materielle, nicht menschliche Schöpfung. Vielmehr sieht Johannes, wie die Schöpfung verbraucht und von Kräften des Bösen zerstört ist. Die beschädigte Schöpfung ist deshalb nicht mehr in der Lage, Gottes Herrlichkeit widerzustrahlen. Sie ist von denen unterworfen, „die die Erde verderben" (11,18). Die Johannesoffenbarung gibt in erschreckenden Visionen wieder, wie Christinnen und Christen die Schädigung der Erde erfahren haben. Diese Visionen führen vor Augen, womit sich eine Konsumgesellschaft selber verzehrt: mit Kriegen, militärischer Besatzung, Hungersnot, Überteuerung und Tod. Die irdischen und überirdischen Mächte werden mit ihren zerstörerischen Kräften sich selbst überlassen. Die weltweite Bedrohung wird aber dann ein Ende finden, wenn alle Bewohnerinnen und Bewohner der Erde Gott wieder fürchten und als ihren Schöpfer anerkennen (14,7).

Deshalb enthält die *Qeduscha* in der Johannesoffenbarung in Kapitel 4 eine Aussage über die eschatologische Zukunft: Gott wird gepriesen als der, der kommt. Gottes Kommen beschreibt nicht nur sein eigenes zukünftiges Wesen, sondern auch sein Kommen zu seiner Schöpfung. Es bedeutet Gericht wie auch Rettung. Gericht über die, die

die Erde verderben, und Rettung der Erde aus ihren Händen.

Wenn Gott am Ende zum Mahl lädt, wird die gerettete Schöpfung ihn preisen. Alle Lebewesen loben Gott. Unter ihnen sind die Menschen eines von Gottes Geschöpfen wie die Tiere. Die Menschen werden noch nicht einmal hervorgehoben, sondern sind unter den vier Lebewesen erst an dritter Stelle genannt. Dass die ganze Schöpfung Gott lobt, ist biblische Theologie. Auch die nicht-menschliche Schöpfung lobt Gott schlicht durch ihr Sein. In der erneuerten Schöpfung ist die ursprüngliche Gemeinschaft zwischen Menschen und den anderen Lebewesen wiederhergestellt. Berge, Quellen, Feldtiere, Wildesel, Vögel, Vieh, Menschen, Bäume und Zedern, Löwen und Meeresgewimmel zählt der Psalm 104 zur erneuerten Schöpfung, sogar das verschlingende Meerungeheuer, den Leviatan – und dann heißt es: „Auf dich warten sie alle, dass du ihnen ihre Speise gibst zur rechten Zeit. Gibst du ihnen, so sammeln sie ein, öffnest du deine Hand, werden sie gesättigt mit Gutem" (Ps 104,27–28). Auf Gottes Kommen wartet die ganze Schöpfung, weil sie von ihm Leben, Nahrung und Rettung empfängt.

Wie hat der auferstandene Jesus Eucharistie gewollt?

Die trostvollen Mahlbilder sind in der Offenbarung umgeben von Bildern der Grausamkeit: von Komplexmonstern, Drachen, gewalttätigen Biestern, fahlen Reitern, blutgierigen Wesen, strahlenden Lügenpropheten, von viel Schmutz, der allerdings sorgfältig mit Glamour und Gold, Purpur und Prunk überdeckt ist. Die Christinnen und Christen sollen den allgegenwärtigen Mechanismen widerstehen, die sich der Erde bemächtigen, und dem Glanz trotzen, mit dem die Luxuspaläste sich in der verbreiteten Armut erheben. Wenn die Gemeinden der Johannesoffenbarung gemeinsam Mahl gefeiert haben, dann war es ein Mahl, dessen Frieden und Freiheit rundum bedroht geblieben war.

Die Offenbarungen des Auferstandenen an den Seher Johannes geben dem Mahl eine theologische Deutung: Es ist das himmlische Hochzeitsmahl, das – um vorsichtig zu bleiben: vermutlich – in dem Mahl der Gemeinde vorweggenommen wurde. Im Mahl feiern Himmel und Erde gemeinsam. Die Menschen erfahren ihre Verbundenheit mit Gottes wieder auferstandener Schöpfung. Was sie essen, wird ihnen von Gott geschenkt: vom Baum des Lebens (2,7; 22,2), und „das verborgene Manna" (2,17). Für ihr Mahl müssen

Menschen nicht mehr töten und schlachten. Wie die Vögel, die wilden und die zahmen Tiere sind Menschen um den himmlischen Thron zu Gottes Lob berufen.

Ämter in der Gemeinde werden in der Johannesoffenbarung kaum erkennbar. Das muss nicht heißen, dass es sie nicht gegeben hat, aber sie durften die partnerschaftliche Gemeinschaft der Glaubenden mit dem Auferstandenen nicht beeinträchtigen. Insgesamt lässt sich den Offenbarungen an den Seher Johannes über Ämter und geregelte Abläufe, Gestalt oder gemeinsame Gebete bei der Mahlfeier nichts entnehmen. Das ändert sich in der Schrift, auf die das nächste Kapitel eingeht, die Gemeindeordnung der Zwölf-Apostel-Lehre. Durch ihre Berufung auf die Apostel beansprucht sie, „die Lehre des Herrn" für die Mahlfeier wiederzugeben.

Drittes Kapitel

Der Ursprung der Gabengebete

Die Eucharistie in der Zwölf-Apostel-Lehre

Wahrscheinlich ist die Zwölf-Apostel-Lehre ursprünglich im südlichen Syrien zu verorten. Sie berührt sich an vielen Stellen mit dem Matthäusevangelium, das ebenfalls dort entstanden sein dürfte. Matthäus berichtet davon, dass schon zu Beginn des öffentlichen Wirkens Jesu Menschen in Syrien davon gehört haben (4,24). Mit dieser Nachricht hat das Evangelium vermutlich das Leben syrischer Messiasgemeinden zur Zeit seiner Abfassung in die Anfangszeit des Lebens Jesu zurückprojiziert. Die Zwölf-Apostel-Lehre gibt dem Zusammenleben der Christinnen und Christen in diesen Gemeinden eine gemeinsame Ordnung. Zu ihren liturgischen Abschnitten gehören neben Anweisungen für die Taufe auch Anweisungen zur Eucharistiefeier.

Ihre Bezeichnung „Zwölf-Apostel-Lehre" ist der griechische Titel der Schrift. Kurz wird sie nach dem griechischen Wort für Lehre „Didache" genannt. Mit ihrem Titel beansprucht sie die Autorität der Apostel, von denen aber zur Zeit der Abfassung der Schrift wohl keiner mehr gelebt hat. Doch die Autorität der Apostel war gegen Ende des 1. Jahrhunderts in der ganzen Kirche weitgehend anerkannt. Deshalb entstanden ab diesem Zeitpunkt häufiger Schriften unter ihrem Namen. Diese Entwicklung lässt sich auch bei den Evangelien im Neuen Testament beobachten. Während die älteren Evangelien nach Markus und Lukas noch unter Namen von *Mitarbeitern* der Zwölf verbreitet wurden, wurden die Evangelien nach Matthäus und Johannes[30] bereits Aposteln zugeschrieben. Die späteren Evangelien, die nicht mehr in das Neue Testament eingegangen sind, tragen dann nur noch die Namen von Aposteln: Thomas, Philippus, Petrus usw.

Die Didache ist die älteste erhaltene christliche Gemeindeordnung. Sie wird um etwa 100 n. Chr. datiert und ist damit der früheste Beleg dafür, dass die Mahlfeier als Ganze „Danksagung" (*eucharistia*) genannt wird. Außer „Eucharistie" wird die Mahlfeier in der Didache auch „Brotbrechen" (14,1) genannt. Nach der Apostelgeschichte ist Brotbrechen (*klasis tou artou*) als Bezeichnung noch älter als *eucharistia*. Denn so wird das Mahl genannt (Apg 2,41), das die Anhängerinnen und Anhänger Jesu nach dem Pfingstfest in ihren Häusern in Jerusalem eingenommen haben. Die Feier hat ihren Namen also von zwei wesentlichen Momenten des rituellen Mahls bekommen: vom Dankgebet und vom Brechen des Brotes, das anschließend unter den Teilnehmenden verteilt wird. In der Didache sind die ältesten Dankgebete beim eucharistischen Mahl einer christlichen Gemeinde erhalten.

Die Gemeinde feierte ihre Danksagung am „Herrentag" (*kyriakê* – die Wurzel unseres Wortes Kirche) (14,1). Wie in der Johannesoffenbarung ist der Tag ihrer Feier nicht mehr der Sabbat, sondern der Tag nach dem Sabbat. Am Herrentag versammelten sich die Gemeinden beim Mahl zur Feier ihrer Gemeinschaft mit dem auferstandenen Christus. Ähnlich wie in der Johannesoffenbarung gab es Propheten, die als reisende Wandercharismatiker die Gemeinden besuchten. Propheten durften beim Mahl in den Gemeinden öffentlich reden und frei formulierte Eucharistiegebete sprechen. Es ist gut möglich, dass auch Frauen als Prophetinnen das Wort ergriffen. In der Apostelgeschichte (21,9) sind vier Töchter des Philippus als Prophetinnen genannt, und auch darüber hinaus gab es Frauen, die als Prophetinnen in den Gemeindeversammlungen sprachen (vgl. 1 Kor 11,5; Apg 2,17; Offb 2,20; außerdem die Prophetin Hanna in Lk 2,36).

Anders als in der Johannesoffenbarung beziehen sich die Weissagungen der Prophetinnen und Propheten in der Didache auf praktische Fragen in der Gemeinde, wie etwa das Agape-Mahl gehalten und welchen bedürftigen Gemeindemitgliedern ein Essen gegeben werden soll (vgl. Did. 11,9). Aus der Gemeinde wurden außerdem *Episkopen* und *Diakone* zu verschiedenen Diensten gewählt.[31] Welche das waren, ist aber unsicher: das Schlichten von Streit oder die Verwaltung der Gemeindefinanzen können dazugehört haben, möglicherweise auch der Vorsitz bei der Eucharistiefeier; ausdrücklich gesagt ist das aber nicht.

Aus dem Matthäusevangelium hat die Didache das Vaterunser aufgenommen. Dreimal am Tag soll es als Herrengebet gebetet werden. Es steht dort unmittelbar vor den Anweisungen zur Eucharistie. Eckhard Nordhofen hat verschiedentlich die Auffassung vertreten, dass die Brotbitte im Vaterunser schon früh auf das eucharistische Brot bezogen wurde.[32] Die Gemeinde bittet in der Eucharistie um „das Brot für morgen, für alle Zukunft, für die Zeit danach, wenn das Zelt nach 33 Jahren (A. W.: des Lebens Jesu) wieder abgeschlagen sein würde".[33] Der Zusammenhang des

Vaterunsers in der Didache ist ein möglicher erster Hinweis auf ein solches Verständnis. Allerdings ergibt der Abschnitt auch schon als Ordnung für das tägliche Gebet einen Sinn.

Die Dankgebete über Wein und Brot

Die Eucharistie war der Didache zufolge eine Hauptmahlzeit. Es wurde Wein getrunken und Brot gegessen. Liturgische Gebete rahmten das Essen und Trinken. Dass bei dem Mahl alle satt wurden, lässt sich der Einleitung des Dankgebets nach Tisch entnehmen: „Nach der Sättigung aber sagt folgendermaßen Dank" (10,1). Auch wenn es für das Mahl nicht ausdrücklich gesagt ist, wird aus den ethischen Weisungen der Zwölf-Apostel-Lehre deutlich, dass die sozialen Unterschiede beim Gemeindemahl nicht darüber bestimmen sollten, was und wie viel jemand zu essen bekommt. So heißt es in den paränetischen Abschnitten vor der Schilderung der Eucharistie: „Jedem, der dich bittet, gib, und fordere es nicht zurück; denn der Vater will, dass allen gegeben wird von seinen eigenen Gnadengaben. (...) Wenn jemand aus Mangel nimmt, wird er untadelig sein; wer aber keinen Mangel hat, wird Rechenschaft ablegen, warum er genommen hat und wofür" (Did. 1,5).

Die Didache lässt den ursprünglichen Zusammenhang der Bezeichnung „Eucharistie" mit den Dankgebeten noch erkennen. Den Abschnitt über die Eucharistiefeier führt sie mit folgenden Worten ein: „Über die Danksagung (*peri eucharistias*); so sollt ihr danksagen (*eucharistêsate*)" (9,1).

Auffälligerweise eröffnet nicht ein Gebet über das Brot die Abfolge der Gebete, wie in Paulus' Überlieferung vom letzten Mahl Jesu im ersten Korintherbrief, sondern ein Lobpreis über den Kelch: „Wir danken dir, unser Vater, für den heiligen Weinstock Davids, deines Knechtes, den du uns kundgemacht hast durch Jesus, deinen Knecht" (Did. 9,2). Erst darauf folgt der Segensspruch über das gebrochene Brot: „Wir danken dir, unser Vater für das Leben und die Erkenntnis, die du uns kundgemacht hast durch Jesus, deinen Knecht" (Did. 9,3).

Nach dem Sättigungsmahl wird ein abschließendes Dankgebet gesprochen, wie es auch beim jüdischen Mahl üblich war: „Wir danken dir, heiliger Vater, für deinen heiligen Namen, den du in unseren Herzen hast wohnen lassen, und für die Erkenntnis und den Glauben und die Unsterblichkeit, die du uns kundgemacht hast durch Jesus, deinen Knecht" (Did. 10,2). Die Gemeinde beantwortet die drei Segensgebete jeweils mit „Dir sei die Herrlichkeit in Ewigkeit!"

In Brot und Wein dankt die Mahlgemeinschaft Gott für Jesus: Er ist der prophetische Bote, den Gott gesandt hat, um sich seinem Volk kundzutun. Wie die Versammlung die Speisen beim Essen und Trinken als Stärkung in ihr körperliches Leben aufnimmt, so hat Gott durch seinen Gesandten Jesus seinen Namen kundgetan und in den Herzen der Speisenden wohnen lassen. Gottes Leben ist eingegangen in die Kreisläufe menschlichen Essens und Trinkens. Das Gebet erinnert an den „tiefste(n) Traum, den die Kultur zuwege brachte, Gott so zu haben, so aufgenommen und eingebaut, wie das Brot in den verdauenden Menschen aufgeht."[34]

Von den Enden der Erde zusammengebracht

Das Brot- und das Dankgebet sind um ergänzende Gebete erweitert, die die Bedeutung des Mahls noch genauer ausführen. Darin dankt die Gemeinde, dass Gott sie im Mahl als sein Volk für die Endzeit sammelt.

Gott sammelt Israel, das unter die vielen verschiedenen Völker zerstreut ist. Das ist eine Grundaussage der biblischen Schriften nach dem babylonischen Exil. Norbert und Gerhard Lohfink haben in ihren Arbeiten zum Alten und Neuen Testament gezeigt, dass auch Jesus seine Sendung als Sammlung Israels verstanden hat. Seit den großen Eroberungen zuerst des Nordreichs Israel durch das Königreich Assur 722 v. Chr., sodann des Südreichs durch das Königreich Babylon 597 mit dem Fall Jerusalems 587, wurden große Teile der Oberschicht und des gesamten Volkes deportiert. Seitdem lebten Juden in der Diaspora verstreut, nicht nur in Ländern weit im Norden von Israel, sondern auch im Süden, in Ägypten in den jüdischen Diasporagemeinden den Nil aufwärts. Nur ein Rest des Volkes war im Land geblieben. Die biblischen Propheten hatten aber die Erwartung wachgehalten, dass Gott die Juden in der Diaspora wieder sammeln und in das verheißene Land zurückführen wird. Wenn Israel in sein Land zurückkehrt, werden sich auch die anderen Völker ihm anschließen. Sie werden gemeinsam mit Israel von Gott in der Tora belehrt, sodass sie ihre Entfremdung und ihren Krieg beilegen können. Dann gewährt Gott ihnen ein großes Gastmahl auf dem Stadtberg in Jerusalem.

Die biblische Erwartung, dass Gott sein Volk sammeln werde, war den Gemeinden der Didache vertraut. Die ergänzenden Eucharistiegebete der Didache nennen die Kirche deshalb mit dem griechischen Wort für Kirche *ekklêsia*, das ursprünglich Versammlung meint. Im Dankgebet nach dem Mahl heißt es: „Gedenke, Herr, deiner Kirche (*ekklêsia*), sie zu bewahren vor allem Bösen und sie zu vollenden in deiner Liebe, und führe zusammen von den vier Winden sie, die Geheiligte, in dein Reich, das du für sie bereitet hast" (Did. 10,5).

Die Versammlung, die miteinander Mahl gehalten hat, versteht sich als Teil von Gottes großer Sammlung seines Volkes Israel. Die vier Winde sollen keine Hitze, Dürre oder Überflutung über die Erde bringen und so Land, Meer und Bäumen schaden, sondern sie sollen die Zerstreuten aus den vier Himmelsrichtungen zusammenführen und wieder zu einem Volk vereinen. Über das gebrochene Brot heißt es in dem ergänzenden Gebet: „Wie dieses gebrochene Brot zerstreut war auf den Bergen, und zusammengebracht ist es eines geworden ist, so soll deine Kirche (*ekklêsia*) zusammengebracht werden von den Enden der Erde in dein Reich" (Did. 9,4).

Das Bildwort vereint die verschiedenen Vorgänge, die dafür notwendig sind, dass die Gemeinde beim Mahl Brot untereinander teilen kann: Das Getreide wurde auf den Feldern („den Bergen") ausgesät, bei der Ernte eingesammelt, gemahlen und als Mehl zu Brot gebacken. In der Gemeindeversammlung wurde es wie ein Fladenbrot zerrissen und verteilt, sodass jeder einen Brocken des Brotes erhielt. Bei dem Mahl wurde wohl *ein*

Brot gebrochen und den Feiernden gereicht. In dieser symbolischen Geste konnten sie die Sammlung sinnenfällig nachvollziehen. Auch Paulus spricht bei der Eucharistie von dem *einen* Brot (1 Kor 10,17): *Die Mahlgemeinschaft wird zu dem, was sie isst. Sie bekommt als Ganze eine sakramentale Qualität. Sie wird ein Teil von Gottes Volksversammlung für die Endzeit.*

Eucharistie als österliche Fortsetzung der Mahlpraxis Jesu

Auch Jesus hat sich bereits als Teil dieser eschatologischen Sammlungsbewegung verstanden. Er hat sein Wirken in engem Zusammenhang mit einem endzeitlichen Gesandten gesehen, den Juden zu seiner Zeit als „den Menschensohn" erwartet haben. Jesus spricht davon, dass der Menschensohn kommen und mit einem lauten Posaunenschall seine Boten aussenden wird, damit sie „seine Auserwählten aus allen vier Winden von einem Ende des Himmels bis zum anderen" zusammenführen (Mt 23,30–31, par. Mk 13,26–27).

Auch in Lk 13,34, par. Mt 23,37 spricht Jesus vom Sammeln des Volkes. Dabei spricht er im Namen der Weisheit Gottes. Im Alten Testament und im Judentum zur Zeit Jesu ist die Weisheit Gottes als Frau personifiziert; sie ist wie der Menschensohn eine himmlische Figur in unmittelbarer Nähe Gottes. Der Menschensohn wurde als eine Figur erwartet, mit der Gott seinen unterdrückten und gequälten Erwählten eine menschliche Gesellschaft bringen würde. Frau Weisheit hat Gott und Menschen seit der Schöpfung begleitet. Von Anfang an hat sie die Menschen Gottesfurcht gelehrt. Sein Wirken sieht Jesus in eins mit der Weisheit;[35] deshalb spricht Jesus nach Art der Propheten in diesem Wort mit ihrem Ich: „Jerusalem, Jerusalem, du tötest die Propheten und steinigst die Boten, die zu dir gesandt sind. Wie oft wollte ich deine Kinder sammeln, so wie eine Henne ihre Küken unter ihre Flügel nimmt, aber ihr habt nicht gewollt" (Mt 23,37).

Die Einwohner Jerusalems sollen gesammelt werden, um die Mitte der endzeitlichen Völkergemeinschaft zu bilden. Aber sie haben die Propheten und Boten, die vor und nach Jesus ausgesandt waren, gewaltsam beseitigt. Die Stadt und ihr Volk haben sich geweigert, und Gott hat sie dennoch für sein Gastmahl der Völker am Ziel der Zeiten ausersehen. Damit greift Jesus ein verbreitetes biblisch-jüdisches Motiv der Anklage gegen das eigene Volk auf und verbindet es mit einem Bild für sein eigenes Wirken, das sehr mütterliche Züge trägt. Wie eine Vogelmutter ihre Jungen lockt und warnt und ihrem Nest mit ihren Flügeln Wärme gibt, so sammelt Jesus, Gottes Weisheit, die Menschen ein.

Das Klagewort über Jerusalem haben Matthäus und Lukas in einer Quelle von Jesusworten gefunden, die älter als die beiden Evangelien und nicht mehr erhalten ist. Gerhard Lohfink vermutet, dass der Klageruf über Jerusalem aus der Spätphase von Jesu Wirken kommt.[36] Im Matthäusevangelium steht dieses Wort wie das vom Kommen des Menschensohns in der letzten eschatologischen Rede Jesu in Jerusalem (Mt 23,37–38).

Jesus spricht auch in diesem Wort mit dem Ich der personifizierten Weisheit. Das Essen der Weisheit ist eine Metapher, die auch im deutschen sprichwörtlich bekannt ist, etwa in der Redewendung, dass jemand die Weisheit mit Löffeln gefressen hat. Auch in der biblischen und frühjüdischen Umwelt wird das Annehmen der Weisheit oft metaphorisch als Trinken oder Essen ausgedrückt. Wer sich Gottes Weisheit einverleibt hat, kann dem irdischen Friss oder Stirb ein Ende bereiten.

Im Buch der Sprichwörter, einem biblischen Weisheitsbuch, ist die Weisheit ebenfalls eine Frau. Sie lädt zu einem festlichen heiligen Mahl ein. Tische werden aufgestellt, Vieh wird geschlachtet, Wein gemischt. Frau Weisheit schickt ihre Mägde aus, um ihre Gäste zu sammeln. Auf der Höhe der Stadtburg soll ihre Einladung zum Mahl in alle Richtungen ausgerufen werden. Wenn die Gäste sich dann einfinden, eröffnet Frau Weisheit das Mahl: „Kommt und esst (*phagete*) von meinen Broten und trinkt (*piete*) Wein, den ich gemischt habe. Lasst ab von der Torheit, dann bleibt ihr am Leben und geht auf dem Weg der Einsicht" (Spr 9,5–6).[37]

Essen und Trinken steht hier für eine Verinnerlichung von Gotteserkenntnis und Gottesfurcht, mit der die Weisheit beginnt, genauer sogar für eine größtmögliche, auch leibliche Aneignung der Weisheit. Es ist gut möglich, dass das weisheitliche Essen und Trinken beim Mahl mit Jesus präsent war, auch beim letzten Mahl. Bei diesem Mahl ist das bildhafte Essen und Trinken ritualisiert. Nur im Matthäusevangelium fordert Jesus beim letzten Mahl seine Jünger ausdrücklich auf, zu essen und zu trinken. Das tut er, während er das Brot austeilt und den Kelch reicht. Seinen Jüngern sagt er (Mt 26,26 und 27): „Nehmt und esst (*phagete*)" und „Trinkt (*piete*) alle daraus"; dabei verwendet er die gleichen Verben wie Frau Weisheit, die zu ihrem Mahl einlädt. Der Evangelist Matthäus schlägt damit einen Bogen zurück zum Anfang des öffentlichen Wirkens Jesu. Denn in den Seligpreisungen am Anfang der Bergpredigt, der ersten Rede Jesu, heißt es (Mt 5,6): „Selig, die hungern und dürsten nach der Gerechtigkeit, denn sie werden gesättigt werden." Wer von dem Brot isst, das er austeilt, und von seinem Wein trinkt, den er reicht, tritt mit Jesus in eine leibhaftige Beziehung. Dadurch verändert sich sein Leben. Er wird ein Teil von Jesu Sammlungsbewegung. Wenn die Zwölf-Apostel-Lehre den biblischen Sammlungsgedanken in ihren Mahlgebeten aufnimmt, lässt sie die Gemeinden also Jesu Botschaft und Mahlpraxis österlich fortsetzen.

Die Gabengebete in der katholischen Eucharistiefeier

Der Ort der Eucharistiegebete der Didache in der heutigen katholischen Eucharistiefeier sind die Gabengebete. Darin dankt der Zelebrant für Brot und Wein, so wie der Vorstand der Feier das in den Eucharistiegebeten der Didache getan hat. Mit diesen Gebeten hat die Liturgiereform nach dem Zweiten Vatikanischen Konzil der Gabenbereitung eine neue Form gegeben. Diese neue Form prägt leider das theologische Nachdenken über die Feier bislang nur wenig. Wenn die Gaben nach dem Wortgottesdienst zum Altar gebracht werden, werden über Brot und Wein zwei Gebete gesprochen. Über das Brot heißt es da: „Gepriesen bist du, Herr unser Gott, Schöpfer der Welt, du schenkst uns das Brot, die Frucht der Erde und der menschlichen Arbeit. Wir bringen dieses Brot vor dein Angesicht, damit es uns das Brot des Lebens werde." Ähnlich heißt es über den Kelch: „Du schenkst uns den Wein, die Frucht des Weinstocks und der menschlichen Arbeit." Die Versammlung bestätigt den Lobpreis über Brot und Wein jeweils mit dem Ruf: „Gepriesen bist du in Ewigkeit, Herr unser Gott!"

Vorbild für die beiden Gebete waren nicht die Gebete der Didache, sondern jüdische Gebete beim Mahl. Nach rabbinischen Zeugnissen hat bei einem jüdischen Mahl beim Vortisch jeder Gast über seinem eigenen Becher Wein Gott, den Schöpfer, gepriesen: „Gepriesen seist du, Adonaj, unser Gott, König der Welt, der die Frucht des Weinstocks schafft." Die Gäste haben diesen Lobpreis jeweils für sich gesprochen, weil sie zu diesem Zeitpunkt noch keine Tischgemeinschaft bildeten. Diese trat erst ein, wenn sich die Speisenden im Speisesaal zu Tisch gelegt hatten. Dort sprach der Gastgeber dann einen Lobpreis über das Brot: „Gepriesen sei Adonaj, unser Gott, der König der Welt, der Brot aus der Erde hervorgehen lässt." Zum Zeichen ihrer Zustimmung antworteten die Gäste mit „Amen" – „so sei es!", woraufhin der Gastgeber das Brot unter ihnen verteilt hat.

Die Gabengebete, wie sie in der neugestalteten Eucharistiefeier gesprochen werden, lassen das Vorbild dieser jüdischen Gebete erkennen. Sie stellen aber auch eigene biblische Bezüge her. Wenn das Brot zum Altar gebracht wird, wird es als „das Brot des Lebens" wieder erbeten. Dieser Ausdruck stammt aus dem Johannesevangelium (6,51): „Ich bin das Brot des Lebens, das vom Himmel herabgekommen ist." Thomas Ruster hat auf die zweifache Beziehung zum Manna in der Wüste und zur Selbsthingabe Jesu in seinem Leben und Sterben aufmerksam gemacht.[38] Jesus kündigt in dem gleichen Zusammenhang seine Hingabe an (ebd.): „Das Brot, das ich geben werde, ist mein Fleisch, das ich geben werde für das Leben der Welt." Jesus ist das Himmelsbrot. Schon Israel hat dieses Brot in der Wüste von Gott und nicht von Mose empfangen. Jetzt gibt sich Jesus selbst als dieses Brot. Thomas Ruster kommentiert: „*Selbsthingabe* anstelle von Selbstbehauptung."[39] Jesus wird zum Brot des Lebens; damit bricht Gott in den menschlichen Regel-Kreislauf von Nehmen und Geben ein. Beim Mahl mit Jesus gibt Gott, ohne dafür wieder etwas zu verlangen. Menschen können diese Gottes-Nahrung nicht geben. Selbst ein so bedeutender Mensch wie Mose kann das nicht, weil Menschen, wenn sie geben, gewöhnlich etwas dafür zurückerwarten. Das bedeutet aber auch, dass keine menschliche Institution und keine Kirche alleinige Macht über diese Speise beanspruchen kann. Das Brot vom Himmel ist ein Gratis-Geschenk: Gottes kostbare Gemeinschaft für alle die, die sie annehmen.

Auch das Segensgebet über den Kelch enthält eine biblische Anspielung: Der Kelch soll zum „Kelch des Heils" werden, lautet die deutsche Übersetzung. Damit gibt sie das lateinische Original des Gebets allerdings nur ungenau wieder, denn dort heißt der Kelch *potus spiritalis* – ein „geistliches Getränk".[40] Mit diesem Ausdruck erinnert Paulus die Gemeinde in Korinth an den Exodus und den anschließenden Zug durch die Wüste (1 Kor 10,2): „Alle aßen auch die gleiche geistgeschenkte Speise, und alle tranken den gleichen geistgeschenkten Trank." Brot und Wein lassen also teilhaben an Israels Exoduserfahrung. Für Paulus ist Christus ein „geistgeschenkter Felsen", der Israel schon beim Exodus begleitet hat (1 Kor 10,4).

Mit den Segensgebeten über die Gaben bittet der Zelebrant im Namen der Gemeinde darum, dass Gott sie mit den Gaben speise, die Israel auf dem Weg in das verheißene Land ernährt haben. Die Gemeinde wird eine Weggemeinschaft mit Gottes Volk Israel.

Kein Opfer mehr?

Die beiden Gebete haben bei der Liturgiereform eine Folge mittelalterlicher Gebete ersetzt, die der Priester für sich allein sprach und die traditionell *Offertorium* („Opferung") genannt wurden. Die Gegner der Liturgiereform haben deshalb gemeint, dass durch die Erneuerung der Gabenbereitung der Opfercharakter der Messe verlorengegangen sei. In der Didache, in der die früheste Überlieferung für die Form dieser Dankgebete aufbewahrt ist, ist auch die älteste Stelle, in der die Eucharistie ein Opfer genannt wird: „Wenn ihr am Herrentag zusammenkommt, brecht das Brot und sagt Dank, nachdem ihr zuvor eure Übertretungen bekannt habt, damit euer Opfer rein sei. Keiner, der einen Streit mit seinem Nächsten hat, komme mit euch zusammen, bis sie sich wieder ausgesöhnt haben, damit euer Opfer nicht unrein wird" (Did. 14,1–2).

Das eucharistische Mahl soll im Frieden gefeiert werden, so viel ist hier klar. In dieser sozialen Bedeutung ist hier „rein" und „unrein" verstanden. Unklar ist, was mit dem Opfer gemeint ist: Möglich sind die Dankgebete als unblutiges Opfer in Abgrenzung von den blutigen Opfern in anderen Tempeln, die Eucharistiefeier insgesamt oder die eucharistischen Gaben Brot und Wein.[41] Für Letzteres spricht meines Erachtens die Nähe zu einem Wort Jesu in der Bergpredigt bei Matthäus: „Wenn du deine Opfergabe zum Altar bringst und dir dabei einfällt, dass dein Bruder etwas gegen dich hat, so lass deine Gabe dort vor dem Altar liegen; geh und versöhne dich zuerst mit deinem Bruder, dann komm und opfere deine Gabe" (Mt 5,23–24).

Gemeint ist in diesem Jesuswort wohl ursprünglich, dass Menschen sich auf dem Weg zum Tempel in Jerusalem versöhnen sollten. Dass die Teilnahme am Tempelkult ein friedliches Miteinander der Menschen voraussetzt, entspricht biblisch-jüdischer Tradition (vgl. Ps 15,2–4). Zu der Zeit, als das Matthäusevangelium verbreitet wurde, gab es den Tempel jedoch nicht mehr. In den christlichen Gemeinden, in denen es gelesen wurde, konnte man die Opfergaben dann am ehesten auf die Gaben beziehen, die beim eucharistischen Mahl gemeinsam verzehrt wurden. Das Essen des Brotes und das Trinken des Weins sollte sie zusammenbringen, und das ging nicht, wenn sie in der Feier zerstritten blieben. Das Opfer könnte also auch in der Didache Brot und Wein meinen, die die Christinnen und Christen zur Eucharistie mitbrachten.

In den Gabengebeten in der heutigen Eucharistiefeier heißt es, dass die Gaben Gott „dargebracht" werden. In der lateinischen Fassung wird es deutlicher: Für „Wir bringen" (dieses Brot bzw. diesen Kelch) „vor dein Angesicht" heißt es dort: *quem tibi offerimus*. Aber auch in der deutschen Formulierung klingt die biblische Opfersprache noch nach. Opfern meint für die Bibel nicht, dass etwas vor Gott oder geschweige denn gewaltsam für Gott vernichtet wird. Es handelt sich beim Opfer auch nicht um Verzichtsleistungen, die besonders schmerzhaft sein sollen. Opfer bedeutet vielmehr, dass etwas vor Gottes Angesicht getragen wird, und in der Regel aus einem freudigen Anlass. Regelmäßig mündet das Opfer dann in ein Gastmahl, zu dem Gott durch Gaben und wohlriechende Düfte als „Ehrengast"[42] herbeigerufen wird.

Der Mahlcharakter mindert also nicht den Opfercharakter der Eucharistie, wie oft behauptet wird. Für das Opfer der Schaubrote gebietet die Tora im ältesten Gesetzeswerk, dem Bundesbuch, das Israel nach der erzählerischen Einbettung im Buch Exodus auf dem Sinai offenbart worden ist: „Auf den Tisch sollst du allzeit Schaubrote vor mein Angesicht hinlegen" (Ex 25,30). Mit den Schaubroten wird Gott ein „heiliges Gastmahl" angeboten, das die Menschen dann gemeinsam verspeisen. Als ein *sacrum convivium*, wie Thomas von Aquin die Eucharistie bezeichnet,[43] lässt sich bereits das Opfermahl der Schaubrote verstehen. Das Volk Israel feiert im Opfermahl sein *con-*

vivium, sein gemeinsames Leben, mit Gott. Beim Essen und Trinken vergewissert sich das Volk mit allen Sinnen Gottes segnender Gegenwart. In Gottes Bund mit seinem Volk Israel wird auch die Gemeinschaft hineingenommen, die zusammen Eucharistie feiert.

Gott selber braucht keine Opfernahrung; er spricht: „Hätte ich Hunger, ich brauchte es dir nicht zu sagen, denn mein ist der Erdkreis und seine ganze Fülle. Soll ich denn das Fleisch von Stieren essen und das Blut von Böcken trinken?" (Ps 50,12–13). Und Gottfried Bachl kommentiert: „Der so spricht, ist an sich selbst satt, in der unendlichen Vollkommenheit seines Lebens. Er kann aber gerade aus der Freiheit seiner Kraft teilhaben an den Opferfesten, die ihm gehalten werden, um von diesem Punkt aus seinen Segen in die menschliche Welt gehen zu lassen."[44]

Kein Opfer von unrechtem Gut!

Mit den Gebeten über Brot und Wein bei der Gabenbereitung dankt die Gemeinde Gott für die Schöpfung. Der argentinische Philosoph Enrique Dussel hat mehrfach daran erinnert, dass Brot und Wein in der Eucharistie nicht nur aus der Schöpfung, sondern auch aus wirtschaftlichen Produktionsprozessen stammen.[45] Die religiöse

Liturgie ist in ökonomische Bezüge eingebunden. Wein kann gepanscht sein, um den Gewinn zu steigern; Brot kann in Lieferketten erworben sein, in denen Menschen, die oft am Anfang dieser Ketten stehen, ein gerechter Lohn vorenthalten wird. Dussel hat die ökonomischen Prozesse, die in die Eucharistiefeier einfließen, in einem „produktiven Kreis" beschrieben. Er beginnt beim (1) Menschen als dem bedürftigen Subjekt. Mit seiner Arbeit (2) macht er das Land, (3) die Erde, fruchtbar. Daraus gewinnt er (4) das Brot und die anderen Nahrungsmittel, die er dann wieder zum Erhalt seiner (5) Lebenskraft konsumiert. Auf die Nahrungsmittel ist der Mensch angewiesen, was ihn wieder als (1) bedürftiges Subjekt ausweist:[46]

(1) Mensch, bedürftiges Subjekt
→ (2) Arbeit (Handeln) → (3) Erde, Materie
→ (4) Brot, Produkt → (5) Leben, Konsum
→ zurück zu (1)

Brot und Wein, die aus menschlichen ökonomischen Beziehungen und Prozessen gewonnen sind, werden in der Gabenbereitung in die Ökonomie Gottes einbezogen, in Gottes Verwaltung der gesamten Schöpfung. Gott tritt mit seinem Segen für Mensch und Natur ein in die produktiven Kreisläufe wirtschaftlicher Ökonomie. Enrique

Dussel hat an Bartolomé de las Casas erinnert, der sich 1514 weigerte, die Eucharistie mit den *conquistadores* zu feiern, denn er hielt das Brot, das auf ungerechte Weise den Eingeborenen enteignet worden war, nicht für würdig zur Feier der Eucharistie. „Er fing an, über das Elend und die Sklavenarbeit, unter denen diese Leute (die Indios) litten, nachzudenken." Er kam „zu der Gewißheit, daß all das, was man den Indios in diesem Teil Indiens (d. h. Westindiens = Amerika) antat, ungerecht und tyrannisch war."[47]

Die enge Beziehung zwischen dem gottesdienstlichen und dem wirtschaftlichen Handeln in der Gabenbereitung unterstreicht ein Wort in dem weisheitlichen Buch Jesus Sirach, das Bartolomé de las Casas damals zum Umdenken gebracht hat. Es fordert für die im Tempel dargebrachten Gaben, dass sie aus gerechten wirtschaftlichen Verhältnissen kommen: „Wer ein Opfer von unrechtem Gut darbringt, dessen Gabe ist mit Makel behaftet, denn Gaben der Gesetzlosen finden kein Gefallen. An Gaben der Gottlosen hat der Höchste kein Gefallen, auch vergibt er nicht Sünden aufgrund einer Fülle an Opfern. Man opfert den Sohn vor den Augen des Vaters, wenn man ein Opfer darbringt vom Gut der Armen. Kärgliches Brot ist das Leben der Armen, wer es ihnen raubt, ist ein Blutsauger. Den Nächsten mordet, wer ihm den Unterhalt wegnimmt, und Blut vergießt, wer einem Lohnarbeiter den Lohn raubt" (Sir 34,21–27).

Jesus Sirach war im 2. Jahrhundert v. Chr. ein Weisheitslehrer für Jugendliche aus der Oberschicht in Jerusalem. Der Opferbetrieb im Tempel war ihm und seinen Schülern präsent. Das makellose Opfer, das die Tora vorschreibt (Lev 22,18–25), versteht der Weisheitslehrer hier vor dem Horizont sozialer Gerechtigkeit. Die Armen sind Gott besonders teuer. Sie auszubeuten ist eine schwere Sünde gegen Gottes Gerechtigkeit und sein Erbarmen. Jesus Sirach unterstreicht dies mit einem drastischen Vergleich: Wer ein Opfer darbringt, das aus dem Gut der Armen stammt, der bringt einen Sohn vor den Augen des eigenen Vaters als Schlachtopfer dar.

Die massiven Erfahrungen sexualisierter Gewalt in den Kirchen erfordern für das Sprechen von der Eucharistie als Opfer heute eine erneuerte theologische Reflexion und Sensibilität. Ein Betroffener spricht für die Not vieler Christinnen und Christen: „Ich warte darauf, dass die Liturgie von missverständlichen Opfervorstellungen bereinigt wird." Noch zu oft wird die Eucharistie mit falsch verstandenen Opfertodvorstellungen verbunden: Gott habe den Tod seines Sohnes als Sühne gewollt, um die Menschen mit sich zu versöhnen. Die biblische Ethik des Opfers, die bei Jesus Sirach erkennbar wird, ist ein klarer Einspruch gegen derartige theologische Missverständnisse. Dass ein Sohn vor den Augen des Vaters geopfert wird, ist das Schlimmste, was sich dieser weise Lehrer in Israel vorstellen konnte. Das kann niemals eine Gabe sein, die Gott gefällt. Nur eine Gabe, die aus gerechtem und menschenwürdigem Handeln hervorgegangen ist, kann Gott als wohlgefälliges Opfer dargebracht werden.

Übrigens …

Die Bezeichnung der Eucharistiefeier als „Messopfer" kann leicht falsch verstanden und sollte deshalb vermieden werden. Sprachlich lassen sich drei Begriffe von Opfer unterscheiden, die aber bei dem Gebrauch des Wortes im Deutschen oft zusammenfließen. Das Englische kennt das Opfer als *victim*, wenn ein Lebewesen mit oder ohne Absicht anderer getötet wird. Unfall- und Gewaltopfer gehören dazu. Davon unterschieden ist ein Opfer als *sacrifice*, wenn aus religiösen Gründen ein Teil des Ertrags der Ernte oder aus der Tierhaltung oder ein anderer Gegenstand, der einem Menschen kostbar ist, dargebracht wird. In diesem

Sinne bringt die Gemeinde in der Eucharistie ihre Gaben von Brot und Wein dar. Opfer kann schließlich auch die *freiwillige Hingabe* sein, die ein Mensch für ein bestimmtes Ziel einsetzt. Das kann im äußersten Fall auch das eigene Leben sein. Das Neue Testament hat den Tod Jesu als freiwillige Hingabe verstanden (Joh 10,11.15.18). In der Eucharistiefeier gedenkt die Gemeinde dieser Hingabe; sie ist ein Gedächtnis der Lebenshingabe Jesu und seiner Errettung aus dem Tod. *Die Gabengebete erinnern an die Hingabe Jesu und an den Exodus. Sie erbitten in den Gaben Gottes Nähe, damit die Feiernden beim gemeinsamen Essen und Trinken in der Gemeinde neu füreinander und für andere da sein können.*

Viertes Kapitel

Das letzte Abendmahl

In der Didache werden für die Eucharistiefeier nicht die Einsetzungsworte Jesu aus dem ersten Korintherbrief oder aus einer der anderen Abendmahlsüberlieferungen erwähnt. Überhaupt fehlt in der Feier der Didache ein Bezug auf den Leib und das Blut Jesu. Es lässt sich nicht sicher sagen, ob dem Mahl vielleicht ein weiteres Essen und Trinken gefolgt ist, das dann stärker symbolisch und ritualisiert die eigentliche Eucharistie der Gemeinde war.[48] Wahrscheinlich war den Gemeinden der Didache die Überlieferung vom letzten Mahl Jesu mit den Worten über Brot und Wein aus einem der Evangelien bekannt, vermutlich nach dem Matthäusevangelium.

Die älteste Überlieferung vom letzten Mahl Jesu stammt von Paulus aus dem ersten Korintherbrief, geschrieben etwa Mitte der 50er-Jahre des 1. Jahrhunderts. Das Mahl der Gemeinde hieß zu der Zeit bereits „Herrenmahl" (*kyriakon deipnon*, 1 Kor 11,20). Diese Bezeichnung stammt nicht von Paulus selbst, denn er hält der Gemeinde in Korinth vor, dass ihre Feier kein „Herrenmahl" mehr sei. Vermutlich wurde es ebenfalls bereits an einem Sonntag gefeiert (16,2) wie in den Gemeinden der Didache und der Johannesoffenbarung.

Wir haben gesehen, dass der Tag ihrer Versammlungen dort schon „Herrentag" heißt. *Das Mahl gewährte Gemeinschaft mit dem auferstandenen „Herrn" Jesus. Ihm gehörte dieses Mahl eigentlich. Sogar die Gastgeber, die die Gemeinde bei diesem Mahl beherbergt haben, waren Gäste beim Auferstandenen, es sollte nicht ihr Privatmahl sein.* Das gemeinsame Essen und Trinken sollte etwas von Gottes gerechter, friedlicher und fröhlicher Welt[49] vorwegnehmen. Paulus kritisiert die Christusglaubenden in Korinth, dass sie es als ihr „eigenes Mahl" verstehen (10,21).

Für Korinth wird gelegentlich aus späteren Zeugnissen eine doppelte Feier angenommen. Zuerst sei eine Hauptmahlzeit gehalten worden und erst danach ein sakramentales Mahl, bei dem dann auch die Abendmahlsüberlieferung verkündet worden sei. Aber erst im 3. Jahrhundert n. Chr. ist explizit belegt, dass die Worte Jesu beim Abendmahl auch in der Liturgie als *verba institutionis* (Einsetzungsworte) gesprochen worden sind.[50]

In der Traditio Apostolica, der „Apostel-Überlieferung", einer schon erwähnten Gemeindeordnung im römischen Umfeld, gehören die Einsetzungsworte zu einem längeren Gebet bei der Eucharistie zur Bischofsweihe.[51] Dieses Gebet hat in der nachkonziliaren Liturgiereform Pate gestanden für das neugeschaffene zweite eucharistische Hochgebet. Die Überlieferungsgeschichte dieser Schrift ist allerdings komplex, und das Eucharistiegebet mit den Einsetzungsworten ist auch dort nicht in der gesamten Textüberlieferung enthalten. Für Korinth lässt sich nicht sicher belegen, dass die Abendmahlsworte Jesu in einem gesonderten Teil der Feier rezitiert worden sind. Diese Annahme setzt oft eine einseitige Konzentration auf die Einsetzungsworte voraus. Bei Paulus ist das letzte Mahl Jesu vor allem ein ethisches Vorbild für das Mahl der Gemeinde.

Paulus und Markus

Mit der Form, wie das Mahl in Korinth gehalten wurde, geht Paulus hart ins Gericht. Das „Herrenmahl" der Korinther entspricht nicht mehr dem Anlass, den sie feiern. Paulus deckt das dortige Problem auf: „jeder nimmt beim Essen sein eigenes Mahl vorweg" (1 Kor 11,21). Vielleicht haben einige die Feier als ein griechisches Eranos-Mahl

verstanden. Bei diesen üppigen Freundschafts-
mählern brachten alle Gäste etwas mit und stell-
ten es der Gemeinheit zur Verfügung.[52] Sie hätten
dann schon einiges von ihrem Mitzubringenden
auf dem Weg verzehrt oder sich beim Mahl kräftig
aus ihrem eigenen Beutel bedient. Vielleicht tra-
fen sich auch einige vorher zu einem Privatmahl,
das erst später in die Mahlfeier mit dem Brot- und
Becherritus überging.[53] Die genauen Umstände
sind schwer zu ermitteln, aber die Kultur eines
heiligen Mahls ist hier verlorengegangen. Die eigene Hand sollte möglichst schneller an der Speise sein als die der anderen. Paulus' Rat an die Korinther ist ganz biblisch: „Wartet aufeinander!"
(1 Kor 11,33). So wie es im Psalm 104,27–28 für
die ganze Schöpfung heißt: „Sie alle warten auf
dich, dass du ihnen Speise gibst zur rechten Zeit."
Aufeinander zu warten, vom anderen die eigene
Speise gereicht zu bekommen und ihn als den zu
betrachten, der mir Speise gibt zur rechten Zeit,
das ist Esskultur; das gilt nicht nur – aber sicher
auch – beim heiligen Mahl.

Hätte es diesen Konflikt nicht gegeben, wäre
uns die älteste Überlieferung vom letzten Mahl
Jesu nicht erhalten. Paulus erinnert die korinthi-
sche Gemeinde in ihrem Mahlstreit an das Abendmahl Jesu: „Denn ich habe vom Herrn empfangen,
was ich euch dann überliefert habe: Jesus, der

Herr, nahm in der Nacht, in der er ausgeliefert wurde, Brot, sprach das Dankgebet, brach das Brot und sagte: Das ist mein Leib für euch. Tut dies zu meinem Gedächtnis! Ebenso nahm er nach dem Mahl den Kelch und sagte: Dieser Kelch ist der Neue Bund in meinem Blut. Tut dies, sooft ihr daraus trinkt, zu meinem Gedächtnis! Denn sooft ihr von diesem Brot esst und aus dem Kelch trinkt, verkündet ihr den Tod des Herrn, bis er kommt" (1 Kor 11,24–26).

Was er nach Korinth schreibt, hat Paulus selber bereits als Gemeindeüberlieferung empfangen. Die Abendmahlsüberlieferung bei Paulus hat eine Reihe von Gemeinsamkeiten, aber auch einige Unterschiede zu der Überlieferung vom letzten Mahl Jesu, wie sie im Markusevangelium später gegen Ende der 60er-Jahre des 1. Jahrhunderts steht. Die wichtigste Gemeinsamkeit ist, dass Brot und Wein beim Mahl von Jesus mit einem Deutewort verbunden werden: „Während des Mahls nahm er das Brot und sprach den Lobpreis; dann brach er das Brot, reichte es ihnen und sagte: Nehmt, das ist mein Leib. Dann nahm er den Kelch, sprach das Dankgebet, gab ihn den Jüngern, und sie tranken alle daraus. Und er sagte zu ihnen: Das ist mein Blut des Bundes, das für viele vergossen wird. Amen, ich sage euch: Ich werde nicht mehr von der Frucht des Weinstocks trinken bis zu dem Tag, an dem ich von Neuem davon trinke im Reich Gottes" (Mk 14,22–25).

Bei Paulus lässt sich mit drei Teilen annähernd deutlich ein Ablauf des letzten Mahls Jesu erkennen: (1) Jesus eröffnet das Mahl mit einem Segensgebet und versieht die Geste des Brotteilens mit einem deutenden Wort. (2) Darauf folgt in der Mitte das eigentliche Mahl. Und (3) „nach dem Mahl" schließt Jesus das gemeinsame Essen mit einem Segenswort über einen Kelch ab und reicht ihn mit einem weiteren Deutewort herum.

Dieser Ablauf könnte auch dem Mahl in der Gemeinde in Korinth entsprochen haben, nur dass dann ein Gastgeber oder möglicherweise auch eine Gastgeberin[54] als Mahlvorstand die Rolle Jesu übernahm. Vom letzten Mahl Jesu sagt die Überlieferung nicht mehr, was nach dem Segensbecher geschah. Für das Mahl der Gemeinde ist vom Zusammenhang des ersten Korintherbriefs wahrscheinlich, dass es damit noch nicht zu Ende war, sondern dass auf die Mahlfeier ein „Wortgottesdienst" folgte. Die Abfolge Mahl und geselliges Beisammensein mit Gesprächen, geistvollen Beiträgen, Musik und Reden wurde bei einem griechischen Symposium eingehalten. Die Gemeinde hätte sie dann in Korinth für ein religiöses Gemeindemahl übernommen. Dort folgten auf das Mahl Psalmen, Lehren, prophetische Worte und

Rede in anderen Sprachen mit deren Übersetzung zur „Erbauung der Gemeinde" (1 Kor 14,26).[55]

Auffällig ist, dass die Abendmahlsüberlieferung bei Paulus nicht vom „Wein" spricht, sondern vom Kelch. Es könnte also auch ein Weingemisch oder Wasser im Kelch gewesen sein. Tatsächlich wurden, wie wir gesehen haben, beim Abendmahl in den ersten Jahrhunderten auch andere Getränke als Wein verwendet. Bei Markus hingegen ist in 14,25 implizit vorausgesetzt, dass Jesus mit seinen Jüngern Wein getrunken hat. Wie sie jetzt Wein trinken, so wird Wein auch in Gottes neuer Welt getrunken werden.

Der Ablauf der Abendmahlsüberlieferung bei Markus weicht auch sonst von der im ersten Korintherbrief leicht, aber erkennbar ab. Die Zeichenhandlungen über Brot und Wein entsprechen zwar denen in Paulus' Bericht, aber bei Markus nimmt Jesus das Brot erst, nachdem das Mahl bereits eine Weile vonstattengeht. Jesu Segensgebet über das Brot eröffnet also nicht das Mahl wie bei Paulus. Brot und Kelch folgen hier auch direkt aufeinander, es liegt kein Mahl dazwischen. Ein weiterer Unterschied ist, dass Jesus das Wort über den Kelch erst spricht, nachdem die Jünger daraus getrunken haben. Nach dem gemeinsamen Trinken kann Jesus dies als Bundes-Gemeinschaft deuten, mit der er das Reich Gottes erwartet.

Matthäus und Lukas

Die beiden zitierten ältesten Versionen der Abendmahlsüberlieferung waren Vorlagen für die beiden
anderen, späteren Fassungen, die sich noch im
Neuen Testament finden, bei Lukas und bei Matthäus. Bei Lukas ist die Situation kompliziert, weil
das Abendmahl in den frühen Handschriften seines Evangeliums in zwei verschiedenen Fassungen
überliefert wurde: in einem Teil der Handschriften
in einer längeren und in einem anderen Teil in einer kürzeren Fassung. Auf die kürzere komme ich
später noch einmal zurück. Die modernen Bibel-
übersetzungen geben in der Regel nur die längere
Fassung wieder. Darin sind die Abendmahlsüberlieferungen bei Paulus und bei Markus miteinander verbunden. Deshalb wird bei Lukas allerdings
gleich zweimal ein Kelch mit Wein mit einem be-
gleitenden Wort Jesu getrunken. Durch die Ver-
doppelung des Kelchs steht das Brot in der Mitte
des Mahls. Nur beim Brot findet sich der Auftrag
Jesu: „Tut dies zu meinem Gedächtnis!" In der
Abendmahlsüberlieferung bei Paulus folgt dieser
Auftrag zweimal: nach dem Brot (1 Kor 11,23)
und nach dem Kelch (1 Kor 11,25).

Der Evangelist Matthäus hat die Markusfas-
sung übernommen. Seine auffälligste Ergänzung
ist, dass Jesus beim Kelch von der „Vergebung
der Sünden" spricht: „Das ist mein Blut, das für

viele vergossen wird *zur Vergebung der Sünden"* (Mt 26,28). Damit hat Matthäus ein für ihn wichtiges Thema im Kelchwort ergänzt. Mit dem Kelch, den die Jünger trinken, erfüllt sich, worum sie Jesus im Vaterunser in der Bergpredigt zu beten gelehrt hat (Mt 6,12a). Nicht erst mit dem Tod, schon mit dem Namen Jesu verbindet Matthäus Gottes Versprechen, die Mächte und Gewalten der Ungerechtigkeit und die Sünden der Menschen zu besiegen: „Er wird sein Volk von seinen Sünden erlösen", so deutet der Engel für Josef den Namen Jesus vor dessen Geburt (Mt 1,21). Beim Abendmahl wird dies vor allem an der Person des Judas deutlich. Luise Schottroff hat auf den gesellschaftlichen Druck der römischen Besatzungsmacht und der angepassten Jerusalemer Herrschaftselite aufmerksam gemacht, dem sich Judas nicht entziehen konnte: „Die Tat des Judas zeigt, wie ein Mensch sich in den gesellschaftlichen Druck Roms verstrickt und seine Tat nicht mehr gutmachen kann. Er hat am Abendmahl teilgenommen. Auch ihm galt die Zuwendung der Vergebung der Sünden (Mt 26,28), die Jesus der Mahlgemeinschaft zuspricht."[56]

Diese Beobachtungen zeigen: Es gab keinen allgemein verbindlichen Wortlaut für die Abendmahlsüberlieferung. Die Tradition ist in der ersten Zeit lebendig gewesen und konnte verschiedenen Situationen und

Deutungen angepasst werden. Selbst die Fassung der Traditio Apostolica vom Anfang des 3. Jahrhunderts, nach der die Abendmahlsworte Jesu dann im Gottesdienst rezitiert werden, entspricht keiner der neutestamentlichen Fassungen genau. Luise Schottroff gibt einen verbreiteten Forschungskonsens wieder, wenn sie schreibt: „Die Bedeutung eines auch für die spätere Kirche gültigen Textes" kann auch „der ältesten Version bei Paulus nicht zugeschrieben werden. Der Begriff ‚Einsetzungsworte' setzt bereits eine Institutionalisierung der Kirche und des Abendmahls voraus. Für die neutestamentliche Zeit ist er irreführend."[57]

Eine prophetische Symbolhandlung

Der Marburger Neutestamentler Rudolf Bultmann nahm an, dass in der Mahltradition in Mk 14,22–25 eine „Kultlegende aus hellenistischen Kreisen der paulinischen Sphäre" in das Evangelium aufgenommen worden sei. Auch heute wird verbreitet die Auffassung vertreten, dass die Abendmahlsdarstellung im Neuen Testament eine Kultüberlieferung für die Feier der Gemeinden sei oder sogar eine Kult-Ätiologie, eine Gründungserzählung der Feier. Dass die Gemeinden das letzte Mahl Jesu bei ihrer Mahlfeier präsent hatten, wird in dem Auftrag Jesu bei Paulus und bei Lukas deutlich, das Mahl in Erinnerung an ihn zu feiern. Das bezog sich nicht auf die Worte, die Jesus über Brot und Wein gesprochen hat. Die Erinnerung galt auch nicht nur dem Martyrium Jesu und seinem Tod, sondern seinem gesamten Leben und Handeln. Durch seine Auferweckung hat es „eine neue Zukunft bekommen (...): durch den Leib Christi, die Hände, Füße und das Leben derer, die zum Messias gehören".[58]

In den Darstellungen des letzten Abendmahls bei Markus und Matthäus fehlt ein solcher Erinnerungsauftrag Jesu, aber auch da dürften die Hörerinnen und Hörer an die Mahlfeier ihrer Versammlung gedacht haben. Im Evangelium nach Markus wird diese Assoziation dadurch geweckt, dass Jesus seine Jünger ein Paschamahl vorbereiten lässt, aber dann wird nicht vom Paschamahl erzählt, das in mehreren Gängen gefeiert wurde, sondern schlicht vom Mahl mit Brot und Wein. In diesem Mahl ließ sich durch den erzählerischen Perspektivwechsel das christliche Gemeinschaftsmahl wiedererkennen. Dennoch sind die Abendmahlsüberlieferungen keine Kultlegenden. Sie sind eingebunden in die Gesamterzählung der Evangelien und auch bei Paulus ist wahrscheinlich, dass die Abendmahlsüberlieferung Teil einer umfassenderen Tradition vom Sterben und Auferstehen Jesu war.

Beim Abendmahl hat Jesus eine Symbolhandlung vollzogen in der Art, wie sie auch von den Propheten im Alten Testament überliefert sind. Symbolhandlungen von Propheten haben provoziert: Ezechiel backt Gerstenfladen auf Rindermist und trinkt ein paar Schlucke Wasser. Er kündigt damit an, dass die Bevölkerung in Jerusalem mit Sorgen ihr Brot wiegen und Wasser abmessen wird. In Unreinheit werden die Leute aus Jerusalem ihr Brot unter den Völkern essen (Ez 4,9–16). Bei einem anderen Zeichen rasiert sich Ezechiel mit einem scharfen Schwert Bart und Haare ab. Ein Drittel davon verbrennt er in der Stadt, ein Drittel streut er in den Wind, und einen letzten Teil wirft er in einem Mantelzipfel ins Feuer. „Das ist Jerusalem", lässt er von Gott dazu ausrichten (Ez 5,5). Ein kurzes Prophetenwort, wie Jesus es über das Brot spricht: „Das ist mein Leib." Die Jünger konnten wissen: Mit dem Leib ist in der Bibel seine ganze Person gemeint (vgl. Ps 63,2; 84,3). *Wenn Jesus das Brot zerreißt und es verteilt, verstanden sie: Das, was mit dem Brot geschieht, wird ihm selbst passieren.* Kurz vorher hatte eine Frau Jesus beim Mahl gesalbt, und Jesus hat die Salbung als prophetisches Vorzeichen für seinen Tod gedeutet (Mk 14,3–8). So war auch dies eine prophetische Symbolhandlung.

Das Brotzeichen Jesu geht jedoch noch tiefer als die Salbung der Frau: Er selbst ist es, der das

Brot zerreißt und es seinen Jüngern zu essen gibt. Damit deutet er seine eigene Bereitschaft an, den gewaltsamen Tod anzunehmen. Paulus ist diese Bedeutung noch präsent, wenn er den Korinthern schreibt, dass sie mit dem Mahl den Tod Jesu verkünden (1 Kor 11,26): „Denn sooft ihr von diesem Brot esst und aus dem Kelch trinkt, verkündet ihr den Tod des Herrn, bis er kommt." In der erneuerten Liturgie nach dem Zweiten Vaticanum ist dies aufgenommen in einen Ruf der Gemeinde, mit dem sie auf die Abendmahlsüberlieferung antwortet: „Deinen Tod, o Herr, verkünden wir, und deine Auferstehung preisen wir, bis du kommst in Herrlichkeit." Allerdings geschieht das Kommen des Herrn bei Paulus auch als Kommen des Gerichts, vor dem er die Gemeinde warnt, weil sie das Mahl zur unsolidarischen Markierung sozialer Unterschiede missbraucht.[59]

Die kürzere der beiden Fassungen der Abendmahlsüberlieferung im Lukasevangelium ist sehr nahe an dem ursprünglichen prophetischen Zeichen Jesu. Das Paschamahl, nach dem sich Jesus mit seinen Jüngern gesehnt hat, beginnt mit einem Becher Wein. Dieser entspricht nach den rabbinischen Zeugnissen vom jüdischen Paschamahl einem Qidduschbecher,[60] begleitet von Segenssprüchen bei den Vorspeisen. Mit diesem Becher kündigt Jesus an, dass er nach diesem Mahl nicht

mehr von der Frucht des Weinstocks trinken werde, bis er es mit seinen Jüngern in der Gottesherr-
schaft wieder tue. Darauf deutet Jesus das Brot,
von dem er seinen Jüngern jeweils einen Teil ab-
reißt, auf seinen kommenden Tod hin. Das zweite
Kelchwort fehlt in der Kurzfassung. Unmittelbar
auf das Brotwort, das im Vergleich zur Langfas-
sung noch gekürzt ist, folgt der prophetische Hinweis auf einen seiner Tischgenossen, der ihn dem
Gericht ausliefern wird. Mit Namen ist Judas dabei nicht genannt: „Als die Stunde gekommen war,
legte er sich mit den Aposteln zu Tisch. Und er
sagte zu ihnen: Mit großer Sehnsucht habe ich danach verlangt, vor meinem Leiden dieses Paschamahl mit euch zu essen. Denn ich sage euch: Ich
werde es nicht mehr essen, bis es seine Erfüllung
findet im Reich Gottes. Und er nahm einen Kelch,
sprach das Dankgebet und sagte: Nehmt diesen
und teilt ihn untereinander! Denn ich sage euch:
Von nun an werde ich nicht mehr von der
Frucht des Weinstocks trinken, bis das Reich Gottes kommt. Und er nahm Brot, sprach das Dankgebet, brach es und reichte es ihnen mit den Worten: Das ist mein Leib. Doch siehe, die Hand
dessen, der mich ausliefert, ist mit mir am Tisch"
(Lk 22,14–21*).

Mit dem Zeichen und dem Wort über das Brot
sagt Jesus seinen Tod voraus. Mit seinem Wort

zum Wein spricht er von seiner Zuversicht: Das letzte Mahl ist kein Ende. Jesus begibt sich in den Kreislauf menschlichen Verzehrtwerdens, aber sein Leben wird nicht zunichtewerden. Er wird mit seinen Jüngern weiterfeiern, wenn das Reich Gottes kommt. Er wird Wein trinken, denn Wein nährt nicht nur den Magen wie das Brot, Wein erfreut das Herz (Ps 104,5), und Wein schenkt nicht nur Menschen Freude, sondern auch Göttern und Engeln (Ri 9,13).

Als prophetische Symbolhandlung waren Jesu Gesten und Worte über Brot und Wein deutungsoffen. In dem ausgeteilten Brot konnten die Jünger nicht nur seinen Tod sehen, sondern, dass er sich in diesem Brot ihnen selbst schenkte. Das Brot wurde nicht nur zerrissen und zerteilt, es stillte auch ihren Hunger wie das Manna in der Wüste, und es gab ihrem Körper wieder Kraft. So konnten sie das Brot als ein Symbol für all das verstehen, was Jesus leibhaftig für sie bedeutet. Im Wein konnten sie sich an die Freude erinnern, die Jesus daran hatte, mit Zöllnern und Sündern gemeinsam zu essen.

Fünftes Kapitel

Die erste Eucharistiefeier in Emmaus

„Brotbrechen" ist die älteste Bezeichnung des gemeinsamen Mahls; so nennt es Lukas. Das lukanische Doppelwerk, das Evangelium und die Apostelgeschichte, überblickt als eine relativ späte Schrift im Neuen Testament eine etwa 40- bis 50-jährige Geschichte der Eucharistie. Lukas hat versucht, die verschiedenen Etappen in seinem Evangelium und in der Apostelgeschichte zu integrieren. Damit gibt er Einblicke sowohl in den Ursprung und die Geschichte als auch in die theologischen Bedeutungen der ersten christlichen Mahlfeiern.

Im Lukasevangelium ist die Erinnerung daran erhalten, dass die Eucharistiefeier *nach* der Auferstehung Jesu begonnen hat. Lukas hat diese historische Erinnerung in seiner Erzählung von den Emmausjüngern (Lk 24,13–35) verdichtet. Die spätere kirchliche Überlieferung stellt den Evangelisten häufiger als Ikonenmaler dar. Geschichtlich spricht dafür allerdings nichts, außer dass Lukas meisterhaft erzählt; seine Erzählungen sind so etwas wie *narrative* Ikonen geworden. Die Geschichte von den Emmausjüngern gehört dazu. Sie ist eine der bewegendsten biblischen Erzählungen überhaupt.

Zwei wandernde Jünger sind unterwegs; den Namen von einem der beiden erwähnt Lukas später, Kleopas, den anderen nennt er nicht. Frauen waren früh am ersten Tag der Woche vom Grab Jesu zurückgekehrt und hatten berichtet, wie sie das Grab leer vorgefunden hatten. Kurz danach müssen die beiden Jünger aufgebrochen sein. Sie sind unterwegs nach Emmaus, etwa 60 Stadien von Jerusalem entfernt – ein Weg, für den man etwa zwei Stunden braucht. Zu ihnen gesellt sich der Auferstandene, aber „ihre Augen waren gehalten", schreibt Lukas (24,16). Sie denken, er sei einer der vielen fremden Festpilger, der wie sie auf dem Heimweg ist, nur nicht mit der gleichen Enttäuschung wie sie. Als er sie scheinbar ahnungslos nach ihrer Enttäuschung fragt, bleiben sie mit vornüber geneigtem Gesicht stehen (wörtlich: „mit trübem Blick", 24,17). Den Leserinnen und Lesern teilt Lukas von Anfang an mit, dass der, den die Jünger für einen Fremden halten, Jesus ist (Lk 24,15), aber die Jünger bemerken es nicht. Von dem unterschiedlichen Wissensstand der beiden Jünger und der Leserinnen und Leser um die Identität des Fremden lebt die Spannung dieser Erzählung.

Mit dem Weg der beiden schreitet die Zeit voran. Lange unterhalten sich die Jünger mit dem vermeintlich Fremden auf dem Weg. Inzwischen ist es Abend geworden, und sie haben ihn immer noch nicht erkannt. Aber immerhin laden sie ihn ein zu sich, sodass er nicht in der einbrechenden Dunkelheit allein weitermuss. Beim Mahl endlich erkennen sie ihn. Als er mit ihnen auf dem Weg über den Messias geredet und die Schrift auslegt hat, hat er die ganze Zeit über sich selbst gesprochen. Erst als ihnen beim Mahl die Augen aufgehen, merken sie, wie ihnen auf ihrem Weg mit Jesus das Herz brannte.

Die Augen der beiden Jünger öffnen sich, als Jesus ihnen das Brot bricht (Lk 24,30): „Als er mit ihnen zu Tisch lag, nahm er das Brot, dankte, brach es und gab es ihnen." Das Wiedererkennungszeichen Jesu ist hier das Brechen des Brotes. Der Auferstandene ist Gast der beiden, aber er tut das, was ein jüdischer Gastgeber tut. Schon beim Abendmahl hatte Jesus ihnen das Brot gebrochen, aber erst jetzt, nach der Auferstehung, erhält das Brotbrechen bei Lukas seine volle Bedeutung. In dem Gestus wird spürbar, was das Leben Jesu für die beiden bedeutet. Wenn sie das Brot zu sich nehmen, erhalten sie mehr als nur Nahrung für ihren Körper, der wieder hungrig wird. Sie bemerken, was ihr Herz brennen lässt. Sie essen, um zu leben – in der umfassenden Bedeutung des Wortes Leben, die es für Jesus hat: Leben in Fülle. Erst der Auferstandene kann den beiden mit dem Brot auch sein neues Leben in Fülle mitteilen.

Im Alten Testament begegnet das Brotbrechen nur an wenigen Stellen, und dann im Zusammenhang mit einem Trauermahl. Über die Not bei Jerusalems Eroberung soll der Prophet Jeremia weissagen, dass es kein Totenmahl mehr für die Angehörigen geben wird: „Und in ihrer Trauer wird kein Brot mehr gebrochen zum Trost für den Verstorbenen, und sie trinken keinen Becher zum Trost für ihren Vater und ihre Mutter" (Jer 16,7).[61]

Bei dem Mahl der Emmausjünger werden die bekümmernden Verhältnisse aus Jeremias Unheilsprophezeiung gedreht. Jesus zeigt sich ihnen als Lebendiger nach seinem Tod und hält mit ihnen Mahl. Sein Brotbrechen wendet ihre Trauer unwiderruflich. Als sie dann nach Jerusalem zurückkehren, sehen sie auch die Stadt in einem neuen Licht. Das Mahl mit dem Auferstandenen wird so zum Fluchtpunkt der Mahlpraxis Jesu im zurückliegenden Evangelium und zum Ausblick auf die Mahlpraxis in der folgenden Apostelgeschichte.

Maria und Klopas

Christian Herwartz SJ hat mit „Exerzitien auf der Straße" eine spirituelle Bewegung gegründet. In dieser Form der geistlichen Übungen zieht man sich nicht in die Abgeschiedenheit eines kirchlichen Hauses zurück, sondern meditiert den Alltag auf den Straßen und an den Orten der Großstadt: in Kaufhäusern, auf Plätzen, vor Gefängnissen.[62] Christian Herwartz ist in den Exerzitien immer wieder auf die Erzählung von der Straßenunterhaltung des Auferstandenen mit den Emmausjüngern zurückgekommen und hat daran etwas entdeckt, was der wissenschaftlichen Exegese des Textes bislang kaum aufgefallen ist:[63] „Obwohl Jesus Männer wie Frauen wertschätzte, fehlen – entsprechend der gesellschaftlichen Gewohnheit – auch in den neutestamentlichen Erzählungen häufig die Namen der Frauen oder sie werden sogar durch männliche ersetzt. Jesus ließ sich auf das Zeugnis einer kanaanäischen Frau ein und heilte ihre Tochter; ebenso lernte er von einer anderen, die ihm mit ihren Tränen die Füße wusch (...) und tat es in einer für ihn schwierigen Situation ebenso. So wäre es nicht verwunderlich, wenn die zweite Person, die nach Emmaus aufbrach, auch eine Frau gewesen ist. Bei der Suche nach ihrem Namen entdecke ich drei Frauen, die in der Todesstunde Jesu unter dem Kreuz stehen. Alle drei heißen Maria. Darunter nennt Johannes als zweite Person: Maria, die Frau des Klopas (Joh 19,26). Könnte mit Klopas und Kleopas dieselbe Person gemeint sein?"

Christian Herwartz identifiziert den namenlosen der beiden Jünger als Frau: Maria, die Frau des Klopas. Die beiden „Jünger" waren ein Paar. Sie suchten nach all dem, was passiert war, einen ungestörten Ort außerhalb des Kreises der Apostel. „Auf dem Weg nach Emmaus fragt ein Fremder (Lk 24,17) die ‚Jünger', worüber sie miteinander sprechen. – Kleopas weist ihn brüsk zurück und schützt, männlich erprobt, die erkämpfte Intimität des Gespräches mit der rhetorischen Frage: ‚Bist du so fremd in Jerusalem, dass du als Einziger nicht weißt, was in diesen Tagen dort geschehen ist?' (Lk 24,18). Der Mitreisende fragt nochmals: ‚Was denn?' (Lk 24,19–24). Nun antworten Maria und Kleopas und erzählen gemeinsam von ihrer Trauer und ihrer Hoffnung, die sie über das Leben und die Botschaft Jesu für sich und ihr Volk fanden. Wenn Mann und Frau gemeinsam über die Wirklichkeit sprechen, dann werden die Aussagen plastischer, da sie unterschiedliche Sichtweisen miteinander verbinden. Dadurch kommen sie leichter auf den thematisch zentralen Punkt."[64] Erst das Erzählen von beiden löst aus, dass Jesus ihnen aus der Schrift die Augen für das Geschehen um den Messias öffnet: „Und ihre Herzen brannten (Lk 24,32) in der Freude, nun die Wirklichkeit der prophetischen Aussagen zu verstehen."[65]

In dem norddeutschen Benediktinerkloster Nütschau ist eine Ikone des Paares zu sehen. Ansgar Stukenborg OSB hat die Ikone der Emmauserzählung neu geschrieben: Maria und Klopas laden Jesus ein, als er weitergehen will. Als Jesus das Brot bricht, öffnet Maria staunend die Arme und Klopas weist mit erkennendem Blick auf den Auferstandenen.

Übrigens …

Die beiden, die unterwegs nach Emmaus waren, werden verbreitet „Emmausjünger" genannt. Lukas selber verwendet allerdings den entsprechenden griechischen Ausdruck in dieser Erzählung nicht. Er schreibt, dass sich „zwei von ihnen" auf den Weg machten, und meint mit „ihnen" einen größeren Kreis von Frauen und Männern, der in Jerusalem über den Tod Jesu getrauert hat. Diesen Kreis nennt er häufiger „Jünger". „Schüler" wäre eine andere Übersetzungsmöglichkeit für das griechische Wort *mathêtês*, das Lukas dabei verwendet. Oft lässt sich im Neuen Testament die männliche Form „Jünger" oder „Schüler" als Übersetzung beibehalten, weil Frauen in einer Reihe neutestamentlicher Texte, zum Beispiel im Matthäusevangelium, nicht mitgemeint sind. Unter den Nachfolgern Jesu nennt Lukas außer dem größeren Kreis der Jünger auch noch die „Apostel". Damit meint Lukas mit ganz wenigen Ausnahmen (Apg 14,4 und 14) immer den Kreis der zwölf Apostel. Bei anderen, etwa bei Paulus, sind mit den „Aposteln" auch im weiteren Sinne Gesandte und Bevollmächtigte gemeint, die mit einem Auftrag Jesu oder der Gemeinden auftraten; auch Frauen wurden in dem weiteren Sinn zu den „Aposteln" gezählt. Die Zwölf, die Lukas Apostel nennt, stellen einen Zusammenhang der Nachfolgegemeinschaft Jesu mit den zwölf Stämmen Israels her. Sie vertreten das Volk, dessen Sammlung Jesus als seine Sendung gesehen hat. Als zwölf Männer repräsentieren sie wie die zwölf Söhne Jakobs das endzeitliche Israel; sie stehen für eine größere Gruppe von Frauen und Männern. Verschiedene Generationen, Lebende und Verstorbene gehören dazu. Nach Lukas, Matthäus und Markus haben die Zwölf mit Jesus zusammen das Abendmahl gefeiert. Deshalb sieht die katholische Kirche in den zwölf Aposteln das Fundament für das

kirchliche Amt. Dass die zwölf Apostel Männer waren und auch mit den Jüngern oft
Männer gemeint sind, muss an sich nicht
begründen, dass höhere Ämter in der Eucharistie der Kirche nur von Männern ausgeübt
werden. Warum sollte die Kirche allein das
Geschlecht als Kriterium der Apostel und
Jünger Jesu für das Amt verbindlich machen, nicht aber ihre religiöse Herkunft, da
sie alle Juden waren? Im neutestamentlichen Umfeld wurde Repräsentanz im öffentlichen Raum weitgehend von Männern
wahrgenommen. Das hat sich inzwischen
grundlegend geändert.

Eine exemplarische Erzählung

Der englische Neutestamentler Richard Bauckham hat in einer Untersuchung mit philologischen
und historischen Argumenten wahrscheinlich gemacht, dass Maria als Jüngerin mit ihrem Mann
Klopas auf dem Weg nach Emmaus unterwegs
war:[66] „Maria, die Frau des Klopas" wird sie bei
Johannes genannt (Joh 19,25). Kleopas heißt der
eine der beiden „Jünger" auf dem Weg nach Emmaus bei Lukas (Lk 24,18). Kleopas ist die Kurz-
form des griechischen Namens Kleopatros und
nicht das Gleiche wie der semitische Name Klo-

pas. Aber er konnte leicht als griechische Entsprechung verwendet werden, denn Juden nahmen in dieser Zeit oft griechische Namen an, die ähnlich klangen wie ihre ursprünglichen semitischen. Die beiden waren ein Ehepaar, die das Evangelium wahrscheinlich im jüdischen Palästina verbreitet haben. Häufiger waren bei der ersten Ausbreitung des Evangeliums Ehepaare missionarisch unterwegs. Da die Lebensbereiche von Frauen und Männern in neutestamentlicher Zeit oft getrennt waren, war es einem Ehepaar leichter, Frauen und Männer für das Evangelium zu gewinnen.

Wie weit Lukas in der Emmauserzählung ältere Traditionen aufgenommen hat, ist umstritten. Übereinstimmend wird sie oft für legendarisch gehalten. Lukas hat sich an die literarischen Formen der hellenistischen Geschichtsschreibung seiner Zeit gehalten. Sie stellte nicht historische Fakten zusammen, sondern machte Geschichte als Erzählung nachvollziehbar. Begebenheiten, Reden und Hintergründe wurden so gestaltet, dass sie den Fortgang der Geschichte plausibel machten. Dabei erzählt Lukas oft exemplarisch. Er hat die Emmausgeschichte schriftstellerisch überarbeitet und mit großer Fertigkeit erzählt. Wenn sie nicht ganz unhistorisch ist, dürfte Lukas darin aber auch eine Erinnerung daran verarbeitet haben, dass der Auferstandene Klopas erschienen ist. Sein Name dürfte den ersten Gemeinden bekannt geblieben sein, und wie Christian Herwartz schreibt: Die Namen der Frauen und anderen, die dabei waren, sind den damaligen Gewohnheiten entsprechend nicht erhalten geblieben. Warum sollte ausgeschlossen sein, dass der auferstandene Jesus dem Ehepaar oder auch deren größerer Hausgemeinschaft gemeinsam erschien?

Lukas hat in dieser Erzählung aber wohl auch noch eine andere historische Erinnerung verarbeitet: *Die Eucharistie hat nach Ostern an verschiedenen Orten in Mahlzeiten begonnen, bei denen Jüngerinnen und Jünger Jesus den Auferstanden als Lebendigen erfahren haben, und zwar so, dass sie sich in seiner Gegenwart an sein vergangenes Leben, Sterben und Auferstehen erinnert haben.*

Das Mahl der Pfingstgemeinde

Nach der Pfingsterzählung in der Apostelgeschichte nahmen über 3000 Menschen das Wort des Petrus an und ließen sich taufen.[67] Das neue Vertrauen in Gott und in die Gemeinschaft findet Ausdruck im gemeinsamen Brotbrechen. Dieses Vertrauen hatten die Glaubenden mit ihrer Annahme der Verkündigung des auferstandenen Messias Jesus in der Taufe besiegelt. Die gemeinsame Identität der Menge wird also nicht erst durch das Mahl hergestellt, sondern durch die Taufe auf den Namen Jesu Christi. Über die große Pfingstversammlung heißt es: „[42]Sie hielten an der Lehre der Apostel fest und an der Gemeinschaft, am *Brechen des Brotes* und an den Gebeten. [43]Alle wurden von Furcht ergriffen; und durch die Apostel geschahen viele Wunder und Zeichen. [44]Und alle, die glaubten, *bildeten eine Gemeinschaft* und hatten alles gemeinsam. [45]Sie verkauften Hab und Gut und teilten davon allen zu, jedem so viel, wie er nötig hatte. [46]Tag für Tag verharrten sie einmütig im Tempel, *brachen in ihren Häusern das Brot* und *erhielten (alle) Anteil an der Speise in Freude und Lauterkeit des Herzens*. [47]Sie lobten Gott und fanden Gunst beim ganzen Volk. Und der Herr fügte täglich ihrer Gemeinschaft die hinzu, die gerettet werden sollten" (Apg 2,42–47 – *Einheitsübersetzung, bearbeitet von A. W.*).

Zweimal ist hier das Brotbrechen erwähnt, und es ist eingebettet in eine umfassendere Gemeindeethik. Die Beschreibung der ersten Gemeinde wird oft als eine utopische Idealisierung betrachtet. Sie lässt aber eher ein verbreitetes Gemeindeethos erkennen. Mit dem Gemeinbesitz folgt die große Menge den Werten griechischer Freundschaftsethik. Wichtiger aber, als dass sie alles gemeinsam hatten, ist noch, dass die Besitzenden denen, die in Not waren, mit ihrem Besitz beistanden. Die Reichen waren tatsächlich bereit, auf ihren Privatbesitz zu verzichten. Ebenso beim Mahl in den Häusern bekamen die Armen und Hungernden genügend zu essen: Die Getauften teilten untereinander die Speisen, so lautet die Bedeutung der entsprechenden griechischen Formulierung in Vers 46. Das Brotbrechen bedeutete, das vorhandene Essen und Trinken so zu teilen, dass niemand mehr hungern musste oder durstig blieb.

Die Bindung des Mahls an die Hausgemeinschaft

Die Verlagerung der religiösen Praxis vom Tempel in Hausgemeinschaften war bereits im Judentum *vor* Jesus vorbereitet. Nach Lukas verbindet sich damit aber ein entscheidender Schritt für die Entwicklung des ersten Christentums: Die erste Gemeinde in Jerusalem hat ihr hierarchisches Zentrum im Zwölferkreis. Sie bewegt sich zwischen dem Gottesdienst im Tempel und den Gebetsversammlungen in einzelnen Häusern. In der Missionsverkündigung des Paulus hingegen wird die Verbindung zum Tempel zu dem Zeitpunkt gekappt, da die Gemeinden Glaubende aus den Völkern aufnehmen. Von da an wird das Haus zur grundlegenden religiösen Gemeinschaft. Das Haus war in der Umwelt des ersten Christentums keine Privatsphäre, sondern stand für ein soziales Beziehungsbündel, in dem die Einzelnen mit Familie, Bediensteten, Sklavinnen und Sklaven zusammenlebten. Im Raum des Hauses erfuhren Menschen Abhängigkeit und / oder übten Autorität aus, in diesem Raum entwickelten sie ihr Selbstbewusstsein und ihre Sicht auf die Welt, und in den Beziehungen der Hausgemeinschaft wurden Selbstbewusstsein und Weltsicht auch täglich erprobt. Für die christliche Eucharistiefeier wurde dieser soziale Raum zum Gotteshaus. Diese Entwicklung wurde spätestens 70 n. Chr. unumkehrbar, als die kaiserlichen römischen Legionen den Tempel in Jerusalem zerstört haben. Sie zeichnet sich aber schon in der Apostelgeschichte ab.

Mit seinem Haus empfängt der römische Centurio Cornelius beim Mahl Gottes Geist, woraufhin Petrus nicht anders kann, als die gesamte nicht-jüdische Hausgemeinschaft in die Gemeinschaft der Glaubenden aufzunehmen (Apg 10,44–48 mit 11,3). Zu einem Mahl in ihrem Haus drängt die Purpurhändlerin Lydia Paulus mit seinen Gefährten, nachdem sie von Kleinasien über den Hellespont nach Makedonien übergesetzt waren (16,14–15). Das mitternächtliche Mahl, mit dem der Gefängnisaufseher in Philippi Paulus und Silas in seinem Haus bewirtet, ist das

Zeichen, dass er zum Glauben gekommen ist (16,34). Die Grenze zwischen eucharistischem liturgischem Mahl und einem nicht-liturgischen Mahl ist dabei oft nicht klar gezogen. Bei einem weiteren Mahl in Troas erweckt Paulus Eutychus wieder zum Leben, einen jungen Mann, der bei seiner Predigt eingeschlafen und im dritten Stock aus dem Fenster gefallen war. Das ist heute vielleicht ein eher belustigendes Ereignis: Für die ersten Christen waren Schläfrigkeit und Sterben Bilder für das Leben in ihrer Vergangenheit. Lukas erzählt von der rettenden Kraft der Mahlfeier. Am Beginn der Erzählung heißt es in Apg 20,7: „Als wir am ersten Tag der Woche zum Brotbrechen versammelt waren ..." Das Brotbrechen ist hier ein feststehender Ausdruck für die liturgische Feier. Anders als beim Brotbrechen der Pfingstgemeinde ist hier angegeben, *wer* das Brot bricht. Nachdem Paulus den Jungen wiedererweckt hat, bricht er das Brot (Apg 20,11). Die Feier setzt sich in einer Agape mit einem längeren Gespräch fort bis zum Morgengrauen. Wenn Paulus das Brot bricht, so wie es der Auferstandene getan hat, vermittelt er auch die lebenschaffende Kraft dieses Mahls.

Das Zweite Vatikanische Konzil hat die Eucharistie in der katholischen Kirche so erneuert, dass die Feier wieder als liturgisches Mahl in einer Gemeinschaft erfahrbar wurde. Dies hatte etwa auch

Joseph Ratzinger noch in einem frühen Aufsatz in den 1960er-Jahren begrüßt: „Früher trat der Altartisch zurück, man konnte fast den Eindruck bekommen, er sei in der Hauptsache nur die Unterlage, worauf der Tabernakel steht; der Hochaltar stand dabei (...) weit entfernt von den Gläubigen – so wie ein König angemessenen Abstand von seinen Besuchern hält. Heute ist der Altar von der Wand weggerückt, er kommt wieder den Gläubigen entgegen, die sich häufig in einem Halbrund um ihn gruppieren, ihn zur Mitte haben. (Es) tritt wieder hervor, was der Altar eigentlich ist: ein Tisch, auf dem die Gläubigen das letzte Abendmahl Christi, das Gedächtnis des Kreuzesopfer(s) feiert."[68] Nicht nur das Gedächtnis des Kreuzesopfers wird in der Eucharistie begangen. Im neutestamentlichen Zeugnis schenkt Jesus Christus mit der Kraft seiner Auferstehung der feiernden Gemeinschaft seine segnende Gegenwart.

Ein Blick zurück nach vorn

Eine vielfältige Gemeinschaft am Tisch des Herrn

Der bedeutende evangelische Kirchenhistoriker Hans Lietzmann hat in bis heute einflussreichen Untersuchungen in der frühchristlichen Entwicklung der Eucharistie zwei verschiedene Grundformen unterschieden.[69] Die eine entspricht der Dankfeier für Jesus in Brot und Wein in der Didache und kennt keinen Einsetzungsbericht. Zu diesem Muster gehört auch eine syrische Eucharistie-Liturgie nach Addai und Mari (der Überlieferung nach zwei Schüler des Apostels Thomas in Edessa) aus dem 2. oder vom Anfang des 3. Jahrhunderts. Sie hat ebenfalls keine Einsetzungsworte und ist von der römischen Glaubenskongregation 2001 anerkannt worden. Diese Grundform geht nach Lietzmann auf die offene Mahlpraxis Jesu zeit seines Lebens zurück. Die zweite Grundform entspricht dem Mahl in Korinth als Gedächtnisfeier des Todes mit Einsetzungsbericht. Sie ist etwa in der Traditio Apostolica vom Anfang des 3. Jahrhunderts überliefert. Diese zweite Form hätten christliche Missionsgemeinden mit der Kultlegende vom letzten Mahl Jesu geprägt, als Heidenchristen am Mahl teilgenommen haben.

In unserem Durchgang haben wir eine Fülle an Formen und Deutungen der Eucharistiefeier schon in der Entstehungszeit der Schriften des Neuen Testaments gesehen. Sie hat sich in den ersten Jahrhunderten noch erweitert, bevor sie erst später stärkeren Normierungstendenzen unterworfen wurde. *Die belegte Vielfalt der Feiern sperrt sich dagegen, die frühchristlichen Liturgien in zwei Grundformen mit zwei unterschiedlichen Gründungsimpulsen einzuteilen.* Historisch ist nach dem lukanischen Doppelwerk Folgendes wahrscheinlicher: Was Lukas für Emmaus und Jerusalem erzählt, war exemplarisch für verschiedene Orte, an denen Anhängerinnen und Anhänger Jesu zusammenkamen. Sie haben aus der Erfahrung einer lebendigen Beziehung zum auferstandenen Jesus begonnen, in Erinnerung an Jesu Leben und Sterben gemeinsam zu feiern. Der gemeinsame Grund ihrer Feiern war ihr Glaube an die Auferstehung Jesu. In der Verkündigung der Auferstehung Jesu hat auch Paulus die gemeinsame Botschaft gesehen, die er trotz vieler Unterschiede mit allen anderen teilt: „Ob nun ich verkünde oder die anderen: Das ist unsere Botschaft und das ist der Glaube, den ihr angenommen habt" (1 Kor 15,11).

Die Variabilität und Vielfalt des heiligen Mahls in den ersten christlichen Gemeinden lässt keine end- und vollgültige Form der Eucharistiefeier erkennen. Der Ökumenische Arbeitskreis hat daraus gefolgert, man werde „sich von der Vorstellung verabschieden müssen, die Fülle dessen, was durch Jesu Christi Stiftung grundgelegt ist, sei in einer einzigen Ausprägung zu feiern. Das bedeutet aber, dass man in anderen Traditionen Bestandteile erkennen und anerkennen kann, die in der eigenen Tradition nicht enthalten sind."[70] Die verschiedenen Erscheinungsformen der Feier lassen sich schon in ihrer frühkirchlichen Ursprungszeit nicht in einer Form harmonisieren. Der Gründungsimpuls Jesu, das neutestamentliche Zeugnis und die apostolische Tradition haben sich heute in verschiedenen konfessionellen Formen der Feier wahrhaftig ausgeprägt. Ihre Vielfalt enthält daher Elemente von Komplementarität und regt dazu an, auch in den jeweils anderen Formen die kirchliche Eucharistiefeier als wahrhaftig bewahrt wiederzuerkennen. *Ihre Einheit haben die Feiern des Sakraments von Eucharistie und Abendmahl durch ihre gemeinsame Ausrichtung auf das kommende Je-*

rusalem. *Sie sind immer ein heiliges Mahl auf dem Weg, der auch für das Jüngerpaar auf dem Weg nach Emmaus nicht dort geendet hat, sondern sie noch am gleichen Abend nach Jerusalem weiter- und mit den übrigen Jüngerinnen und Jüngern zusammengeführt hat. Im kommenden Jerusalem sammelt Gott sein Volk und wird es dann im endzeitlichen Mahl bewirten.*

Prophetische Rede

Wer die ersten Eucharistiefeiern geleitet hat, lässt sich den neutestamentlichen und frühchristlichen Quellen kaum entnehmen. Der Ökumenische Arbeitskreis hat diesen Befund zusammengefasst: „Über die Leitung der ersten Gemeindemähler wissen wir wenig, auch wenn Paulus Leitungsdienste unter den Charismen kennt (1 Kor 12,28; vgl. 1 Thess 5,12–13; Röm 12,8). Weil Charismen Gottesgaben ohne Ansehen von Geschlecht oder Stellung sind, ist davon auszugehen, dass in den ersten Generationen der Kirche (vgl. Röm 16,1) und teils auch später Frauen Leitungsfunktionen innehatten (vgl. Apg 16,14f.40)."[71]

Während die Frage der Leitung in den neutestamentlichen Quellen kaum im Blickpunkt steht, lässt sich ihnen mit dem prophetischen Sprechen ein anderes Charisma entnehmen, das für die Eucharistiefeier von Anfang an bedeutsam war.

Beim gemeinsamen Essen und Trinken erfuhren die christlichen Hausgemeinden, dass Gott mit den Gaben seines Geistes unter ihnen gegenwärtig war. Gottes Geist war wirksam, wenn ihnen in öffentlicher prophetischer Rede Gottes Wort erschlossen wurde. Propheten und Prophetinnen hatten schon früh, wenn nicht von Anfang an, die Aufgabe, auf die Gestaltung des Mahls Einfluss zu nehmen und es zu deuten. Ihr prophetisches Sprechen erfolgte nicht nur aufgrund von Eingebung oder Intuition. Aufmerksamkeit für die alltäglichen Erfahrungen und das Forschen in der Schrift und in der Überlieferung Jesu waren ebenso wichtige Impulse für ihr öffentliches Sprechen in Gottes Namen. Die prophetische Rede von Frauen und Männern gehörte nach der Apostelgeschichte zur ersten christlichen Gemeindeethik. In seiner Pfingstpredigt sieht Petrus darin die Verheißung im Buch Joel inkraftgesetzt: „Eure Söhne und eure Töchter werden prophetisch reden, eure jungen Männer werden Visionen haben und eure Alten werden Träume haben" (Apg 2,17; vgl. Joel 3,1–5).

In der Liturgie heute ist der Ort für ein öffentliches prophetisches Wort in der katholischen Kirche die Predigt. Sie kann auch immer noch die Herzen der Hörerinnen und Hörer erreichen und verändern, und oft gerade dann, wenn es noch nicht einmal in der Absicht des Predigers liegt.

Allerdings wird das nicht selten durch kirchliche Regulierungen verhindert, die nicht nur Frauen aus der Verkündigung ausschließen. Laien erhalten nur in Ausnahmefällen das Wort an diesem zentralen Ort der Verkündigung. Barbara und Michael Mertes haben in dieser Praxis ein kirchliches „Notnagelprinzip" aufgedeckt: Allenfalls da, wo es keinen Priester oder Diakon mehr gibt, dürfen einmal Laien die Verkündigung übernehmen. Auf die Verkündigung trifft zu, was die beiden allgemein über die kirchliche Beteiligung von Laien in Seelsorge und Liturgie festgehalten haben: „Viele Laien wären dazu bereit, seelsorgliche und liturgische Aufgaben (...) zu übernehmen, wenn man sie nur lässt" und „dazu ermutigt. (...) Die entscheidende Ermutigung bestünde in einer klaren Absage an das Notnagelprinzip – positiv ausgedrückt: in einer Ausgestaltung solcher Dienste zu ‚ordentlichen' Ämtern."[72] Die frühen christlichen Zeugnisse über die Eucharistie enthalten einen klaren Auftrag an die Kirche, die Ämter und Aufgaben beim Mahlsakrament neu zu ordnen.

Essen und Trinken

Das heilige Mahl war in den ersten christlichen Gemeinden ein gemeinsames Essen und Trinken. Erst nachneutestamentlich wurde das sakramen-

tale Mahl im Lauf der Zeit immer weiter vom alltäglichen Essen und Trinken entfernt. Das Brot
wurde zur Hostie. Ihre Form erinnert nicht mehr
an tägliche Nahrung, sondern an den Mond oder
an die Sonne. Diese Entwicklung hat neue Formen
der Frömmigkeit zutagegebracht. Wichtiger als
das Essen wurde das Sehen, das Erheben der Hostie und des Kelches bei der Wandlung und ihre
Verehrung. Das betende Anschauen der Hostie hat
in der katholischen Spiritualität eine ähnlich inni-
ge Beziehung zur Kommunion ermöglicht wie die,
von der der auferstandene Jesus in der Johannesoffenbarung beim Mahl spricht. „Ich werde
mit ihm Mahl halten und er mit mir" (Offb 3,20),
hatte der Auferstandene denen verheißen, die ihn
zu sich einlassen. Ähnlich klingen die Worte, mit
denen ein Mann dem Pfarrer in der Kirche im
französischen Dorf Ars erklärt hat, was er erfährt,
wenn er die geweihte Hostie sieht: „Jesus schaut
mich an, und ich schaue ihn an."

Wenn die Beziehung der Eucharistiefeier zum
Essen und Trinken verlorengeht, fehlt ihr allerdings von ihren Anfängen her ein wichtiger As-
pekt. Es gibt Gemeinschaften und Gemeinden, die
das Brot für die Eucharistiefeier selber backen. Es
ist dann einbezogen in alltägliche Lebensvollzüge.
Auch der Wein kann in Gegenden, wo es möglich
ist, aus dem eigenen Anbau kommen. Die Bäcke-

rinnen oder Bäcker, Winzerinnen und Winzer feiern mit, wenn ihre Arbeit im eucharistischen Mahl gesegnet wird. Ebenso wichtig ist aber, dass vom Mahlsakrament auch ein Segen für das alltägliche Essen und Trinken ausgeht. Die „Jesus-Mahlzeit" (Gottfried Bachl) weist auf Gott, der in Güte alles speist, was lebt (Ps 145,15): „Der nicht Essbare bricht in die Essbarkeit ein, der Heilig-Unbrauchbare in das Netzwerk der funktionalen Brauchbarkeit."[73] Das sakramentale Mahl macht bewusst, dass Essen mehr ist, als den menschlichen Körper mit neuem Betriebsstoff zu versorgen. Massentierhaltungen, Hühnerfarmen, mit Gentechnik hochgezüchtetes Saatgut und bis zur maximalen Auslastung überdüngte Felder sind das Ergebnis weltweiter funktionaler Nahrungsketten. Das Essen, das auf den Tisch kommt, wurde immer weiter von den Menschen entfernt, die es gepflanzt, großgezogen und geerntet haben. Die Regale der Supermarktketten sind gewöhnlich gut gefüllt, aber dennoch bleibt für die Armen buchstäblich wie im Gleichnis Jesu nur übrig, was von den Tischen herabfällt.

Das christliche Tischsakrament war von seinen Ursprüngen her kein Luxusmahl. Essen und Trinken, bei dem das Wasser im Mund zusammenläuft, erwarteten Jesus und die ersten Gemeinden im kommenden Jerusalem. Dort „wird es für alle

Völker ein Festmahl geben mit feinsten Speisen, ein Gelage mit erlesenen Weinen" (Jes 25,6). Gott wird diese Überfülle schenken, und *alle* Welt wird sich darüber freuen.[74] Die christliche Mahlfeier nahm diese Freude vorweg, aber nicht in der Fülle der Speisen, sondern durch die erfahrene Gemeinschaft. Das Brot, das die ersten Gemeinden beim heiligen Mahl geteilt haben, war auch das Brot, das sie in ihren Küchen gegessen haben, und das Brot, das denen fehlte, die auf den Straßen Hunger leiden mussten.[75] In den Gemeinden gab es deshalb von Anfang an Ämter, die sich um die Versorgung der Armen gekümmert oder bei der Mahlversammlung darauf geachtet haben, dass die Armen nicht zu kurz kamen. Wenn christliche Gemeinden heute in ihren Liturgien im Vaterunser um das Brot bitten, vereinen sie ihr Verlangen nach dem himmlischen Brot[76] mit dem Schrei der Armen nach dem irdischen Brot und nach vielem anderem, an dem es ihnen mangelt. Eucharistiefeier und Abendmahl ersetzen mit ihrem Gebet kein nachhaltiges Welternährungsprogramm. Sie können Christinnen und Christen aber dabei unterstützen, für sozial und ökologisch verantwortliche Ernährung einzutreten.

Von den Häusern in die Welt

Nach der Apostelgeschichte hatte die Eucharistiefeier in der Pfingstgemeinde damit begonnen,
dass die Getauften in den Häusern zusammenkamen und mit Jubel und lauterem Herzen untereinander das Brot brachen. Vom Beisammensein
in Häusern kann heute eine Erneuerung der Eucharistie ausgehen. Nachbarn und Freunde können zusammenkommen. Heimatlose, Einsame,
Menschen mit Kummer oder Freude können Gäste sein. Mit einem Gebet können Brot und Wein
gesegnet werden, und der Auferstandene kann als
Gast beim Mahl willkommen geheißen werden.
Gemeinsames Essen und Trinken trotzt Trauer
und Tod und schenkt dem Leben neue Kraft. Das
Essen kann so eine Feier der Auferstehung werden, mit der Gott den Tod besiegt hat. Evangelische und katholische Christinnen und Christen
können in ihren Häusern schon jetzt gemeinsam
Mahl halten. Menschen, denen die Kirchen und
ihre Feiern nichts mehr sagen, können dabei sein.
Mit sensiblem gegenseitigem Respekt wird vielleicht sogar eine interreligiöse Gastfreundschaft
möglich. Das ist dann keine gemeinsame Eucharistiefeier und kein gemeinsames Abendmahl,
aber es wird Jesu Zusage gelten (Mt 18,20): „Denn
wo zwei oder drei in meinem Namen versammelt
sind, da bin ich mitten unter ihnen." Die ökume-

nische Verständigung zwischen den Kirchen kann in solchen Feiern von unten so weiterwachsen, dass theologische Einsprüche die Einheit nicht mehr aufhalten können.

Das letzte Mahl in der Apostelgeschichte findet auf einem großen Schiff statt. Will man die Verhältnisse der damaligen Mittelmeerschifffahrt auf heutige Schifffahrt übertragen, ist es vergleichbar mit einem Ozeanriesen. Paulus soll damit als Gefangener nach Rom gebracht werden (Apg 27). Mit ihm sind andere Gefangene, außer ihnen Seeleute und Passagiere. Ingesamt 276 Männer bildeten eine bunt gemischte Reisegesellschaft aus verschiedenen Ländern. Südlich von Kreta gerät das Schiff in einen schweren Sturm und treibt mehrere Tage steuerungslos durch das Meer. Auf dem Schiff verlieren sie den Mut, hören auf zu essen und sehen schon dem Tod ins Gesicht. Nach 14 Nächten macht Paulus ihnen im Morgengrauen noch einmal Mut und fordert sie auf, von ihren noch vorhandenen Vorräten zu essen. Bei seinen Worten nimmt er selbst ein Stück Brot, dankt Gott vor den Augen aller, bricht das Brot und beginnt zu essen (Apg 27,35). Es dauert eine Zeit, aber dann fassen auch die anderen Mut, und alle Leute auf dem Schiff essen mit. Am Ende werden alle 276 Reisenden gerettet. Als Paulus das Brot bricht, gesellt er sich zu einer Gemeinschaft von

Menschen in Not. Mit ihrem gemeinsamen Essen und Trinken wehren sie sich gegen Verzweiflung und Tod.

Das Mahl auf dem Schiff ist ein Bild für Gottes endzeitliche Rettung. Zusammen zu essen, „eröffnet Gemeinschaft über Grenzen, Gräben und Gräber hinweg" (Magdalene L. Frettlöh): Frauen und Männer, Kinder und Alte, Gefangene, Bettler, Fremde und Freunde gehören dazu. Die Menge der Geretteten passt nicht in die Wände eines irdischen Hauses oder in die Mauern eines Kirchbaus. Auch die Stadtgrenzen Jerusalems oder irgendeiner anderen irdischen Stadt können sie nicht fassen, noch nicht einmal ein irdisches Land. Denn Gott will allen Völkern diese Rettung schenken. Die Eucharistie ist ein vorweggenommenes Mahl der geretteten Menschheit. So hat der auferstandene Jesus sie gewollt. Sie trotzt dem Tod, und Jesus bricht Verzweifelnden das Brot auf ihrem Weg in Gottes Welt der Gerechtigkeit.

Dank

Ein herzliches εὐχαριστῶ (Danke) möchte ich denen sagen, mit denen ich in den letzten Jahren für mich wichtige Momente der Gemeinschaft am Tisch des Herrn erlebt habe: der Hochschulgemeinschaft und den Jesuiten in Sankt Georgen, der Frankfurter Erlösergemeinde, den Ordensgemeinschaften der Kleinen Schwestern Jesu und der Benediktinerinnen in Eibingen.

Danken möchte ich Anne-Katrin Helms, Johannes zu Eltz und Klaus Vechtel. Sie haben das Manuskript in unterschiedlichen Phasen korrekturgelesen und mich mit ihren Anmerkungen und Rückfragen weitergebracht. Burkhard Menke hat die Erstellung des Manuskripts für den Patmos-Verlag mit sanfter Beharrlichkeit begleitet.

Dem Austausch im erweiterten Frankfurter Ökumenekreis verdanke ich, dass ich vieles in diesem Buch schon einmal andenken und diskutieren konnte: Anne-Katrin Helms, Achim Knecht, Andrea Kortus, Gabriele und Peter Scherle, Martin Vorländer, Klaus Vechtel und Johannes zu Eltz.

Ansgar Wucherpfennig SJ

Anmerkungen

1   So der Titel der Studie des Ökumenischen Arbeitskreises: Dorothea Sattler, Volker Leppin (Hrsg.): Gemeinsam am Tisch des Herrn. Ein Votum des Ökumenischen Arbeitskreises evangelischer und katholischer Theologen = Together at the Lord's table : A statement of the Ecumenical Study Group of Protestant and Catholic Theologians, Freiburg im Breisgau – Göttingen 2020 (Dialog der Kirchen, Band 17).

2   Das Johannesevangelium weicht in seiner Darstellung der Eucharistie deutlich von den anderen Evangelien ab. Zum Beispiel hat es keine Einsetzungsworte beim letzten Abendmahl. Wenn Jesus bei dieser Gelegenheit etwas „eingesetzt" hat, dann, dass seine Jüngerinnen und Jünger einander die Füße waschen sollen, was ein Zeichen der Gastfreundschaft war, aber an sich nur von Sklaven oder sehr vertrauten Personen vorgenommen wurde. Auf das Johannesevangelium gehe ich im folgenden Essay kaum ein, weil seine Stellung zur Eucharistie sehr umstritten ist. Zum Zusammenhang der Fußwaschung vgl. Michael Theobald: Eucharistie als Quelle sozialen Handelns. Eine biblisch-frühkirchliche Besinnung, Neukirchen-Vluyn 2012 (Biblisch-theologische Studien, Band 77), S. 24–62.

3   Ein wertvolles Referenzwerk war für mich daher die dreibändige Dokumentation des internationalen und in-

terdisziplinären Sacred-Meals-Projekts: Dieter Sänger, David Hellholm (Hrsg.): The Eucharist – Its Origins and Contexts. Sacred Meal, Communal Meal, Table Fellowship in Late Antiquity, Early Judaism, and Early Christianity. Volumes I–III, Tübingen 2017 (Wissenschaftliche Untersuchungen zum Neuen Testament, vol. 376). Dort wird auch auf fast alle weitere wichtige Literatur verwiesen.

4 Gottfried Bachl: Eucharistie. Macht und Lust des Verzehrens, St. Ottilien 2008.

5 Ebd., S. 60.

6 Lk 7,33–34; Mt 11,18–19b; vgl. James A. Kelhoffer: John the Baptist as an Abstainer from Table Fellowship and Jesus as a ‚Glutton‘. (Non-)Participation in Meals as a Means for Gaining Social Capital That Can Conform or Jeopardize a Person's Standing in Society (Luk 7:31–35// Matt 11:16–19), in: Sänger, Hellholm (Hrsg.), The Eucharist (wie Anm. 3).

7 Bachl, Eucharistie (wie Anm. 4), S. 60.

8 Zentrum Verkündigung der EKHN, Theologisches Seminar der EKHN: Liturgischer Wegweiser durch den Gottesdienst in der EKHN, Frankfurt am Main 2018, S. 31.

9 In demselben Abschnitt der Confessio Augustana heißt es auch: „Und es ist nicht zur wahren Einheit der christlichen Kirche nötig, daß überall die gleichen, von den Menschen eingesetzten Zeremonien eingehalten werden, wie Paulus sagt: ‚Ein Leib und ein Geist, wie ihr berufen seid zu einer Hoffnung eurer Berufung; ein Herr, ein Glaube, eine Taufe‘ (Eph 4,4.5).“ Die noch aufzuzeigende Vielfalt der Eucharistiefeiern in der frühchristlichen Zeit bekräftigt die Aussage dieses reformatorischen Textes.

10 Liturgischer Wegweiser durch den Gottesdienst in der EKHN (wie Anm. 8), S. 53.

11 Auch die Liturgien der evangelischen Kirchen kennen eine Epiklese. Im liturgischen Wegweiser der Evangelischen Kirche in Hessen und Nassau lautet sie: „Darum bitten wir: Heilige uns mit deiner Gegenwart. Sende deinen Heiligen Geist auf Brot und Wein. Lass uns darin Jesus Christus erkennen und die Kraft der Erneuerung spüren" (S. 56–57). Während der Heilige Geist im Deutschen und Lateinischen (*spiritus*) männlich und im Griechischen (*pneuma*) sächlich ist, ist in der hebräischen Bibel das Wort für die Geistkraft *ruach* weit überwiegend weiblich.

12 BACHL, Eucharistie (wie Anm. 4), S. 157.

13 ANDREW B. MCGOWAN: Ascetism and Early Eucharistic Practice, in: SÄNGER, HELLHOLM (Hrsg.), The Eucharist (wie Anm. 3), S. 836. Der Ausdruck geht auf den Titel eines Buches von Marcel Detienne und Jean-Pierre Vernant zur griechischen Opferpraxis zurück.

14 BACHL, Eucharistie (wie Anm. 4), S. 157.

15 Ebd., S. 150.

16 Zum Folgenden: ANDREW B. MCGOWAN (wie Anm. 13).

17 Traditio Apostolica, 6.

18 PHILO VON ALEXANDRIEN, Vita Contemplativa, 73–74.

19 TATIAN, Oratio ad Graecos, 23.

20 BACHL, Eucharistie (wie Anm. 4), S. 75.

21 Act. Phil. VIII, 2. Vgl. im Folgenden die Ausgabe: FRANÇOIS BOVON (Hrsg.): Acta Philippi, Turnhout 1999 (Corpvs Christianorvm, vol. 11); und den Kommentar: PHILIPPUS, FRÉDÉRIC AMSLER: Acta Philippi, Turnhout 1999 (Corpvs Christianorvm Series apocryphorum, vol. 12).

22 Act. Phil. XII, 2.

23 Act. Phil. XII, 3.

24 Act. Phil. XII, 4–5.

25 Act. Phil. XII, 6.

26 Vgl. zum Folgenden: HÅKAN ULFGARD: Sharing with the Divine in the Apocalypse. Meals as Metaphors – Concepts and Contexts, in: SÄNGER, HELLHOLM (Hrsg.), The Eucharist (wie Anm. 3).

27 Vgl. BACHL, Eucharistie (wie Anm. 4), S. 84–86.

28 DAVID EDWARD AUNE: Word Biblical Commentary, Waco, Tex. 1997, 251 und 192: „In a Christian context, it is natural to think of the meal as the Lord's Supper, at which the risen Jesus was thought spiritually present (see Lk 24:30–31)", denn „sharing food was perhaps the most common way of establishing a sacred bond between individuals and between individuals and their deities."

29 Die liturgische Erweiterung entspricht dem biblischen Text aus Psalm 118,25, mit dem die Menge Jesus bei seinem Einzug in Jerusalem begrüßt (vgl. Mt 21,9).

30 Dass die Person des Propheten Johannes in der Offenbarung mit dem Evangelisten identisch ist, ist unwahrscheinlich. Der Name war im Judentum zur Entstehungszeit des Neuen Testaments verbreitet.

31 Episkopen und Diakone sind schon von Paulus im Philipperbrief zusammen genannt (Phil 1,1). Es sind die gleichen griechischen Worte wie für die späteren kirchlichen Ämter des Bischofs und des Diakons. Die Presbyteroi (später „Priester"), die ab dem 2. Jahrhundert oft zusammen mit den Episkopen und Diakonen genannt werden, kommen in der Didache noch nicht vor. Es hat sie in den Gemeinden vermutlich noch nicht gegeben. Vgl. GEORG SCHÖLLGEN: Didache. Griechisch-Deutsch = Zwölf-Apostel-Lehre, 3. Aufl., Freiburg im Breisgau 2000 (Fontes Christiani, Band 1), S. 70–73.

32 Vgl. z. B. ECKHARD NORDHOFEN: Corpora. Die anarchische Kraft des Monotheismus, Freiburg im Breisgau 2018, S. 229–263.

33 Ebd., S. 241.

34 BACHL, Eucharistie (wie Anm. 4), S. 69.

35 So etwa auch in Mt 23,34.

36 GERHARD LOHFINK: Jesus von Nazaret – was er wollte, wer er war, 3. Aufl., Freiburg im Breisgau 2012, S. 96–98.

37 Übersetzung nach dem griechischen Text.

38 THOMAS RUSTER: Wandlung. Ein Traktat über Eucharistie und Ökonomie, Mainz 2006, S. 143.

39 Ebd.

40 Ebd., S. 144.

41 SCHÖLLGEN, Didache (wie Anm. 31), S. 69 f.

42 VERONIKA HOFFMANN: Vor Gottes Angesicht treten. Zum Opfer in biblisch-christlicher Perspektive, in: JÜRGEN WERBICK, KLAUS VON STOSCH (Hrsg.): Sühne, Martyrium und Erlösung? Opfergedanke und Glaubensgewissheit in Judentum, Christentum und Islam, Paderborn 2013 (Beiträge zur Komparativen Theologie, Band 9), S. 51–71, hier S. 55.

43 In einer Antiphon zum Fronleichnamsfest, die gewöhnlich auf Thomas von Aquin zurückgeführt wird, heißt es: „O sacrum convivium, in quo Christus sumitur: recolitur memoria passionis eius, mens impletur gratia et futurae gloriae nobis pignus datur. Alleluia." – „O heiliges Gastmahl, bei dem Christus verzehrt wird: Das Gedächtnis seines Leidens wird erneuert, der Geist wird erfüllt mit Gnade und uns wird ein Pfand der zukünftigen Herrlichkeit gegeben. Halleluja." Der christologische Bezug ist in den Schaubroten in Israels Tempel natürlich nicht gegeben.

44 BACHL, Eucharistie (wie Anm. 4), S. 24.

45 ENRIQUE DUSSEL: Das Brot der Feier. Gemeinschaftszeichen der Gerechtigkeit, in: Concilium 18 (1982), S. 120–129; DERS.: Eucharistie und Ökonomie, in: Concilium 47 (2011), S. 500–510.

46 DUSSEL, Das Brot der Feier (wie Anm. 45), S. 122.

47 Ebd., S. 121.

48 So vorsichtig Schöllgen, Didache (wie Anm. 31), S. 52. Ähnlich Lukas Bormann: Das Abendmahl. Kulturanthropologische, kognitionswissenschaftliche und ritualwissenschaftliche Perspektiven, in: Sänger, Hellholm (Hrsg.), S. 717. Sehr kritisch gegenüber Rekonstruktionen zur Theologie der Feier: Clemens Leonhard: Von der Eucharistiefeier zur Messe. Eine Geschichte unumkehrbarer Differenzierung?, in: Salzburger Theologische Zeitschrift 2016 (20), S. 233–255, hier S. 241. Zum Ganzen außerdem: Hans-Ulrich Weidemann: Taufe und Mahlgemeinschaft. Studien zur Vorgeschichte der altkirchlichen Taufeucharistie, Tübingen 2014 (Wissenschaftliche Untersuchungen zum Neuen Testament, vol. 338), S. 27–91.

49 Vgl. Röm 14,17: „Das Reich Gottes ist nicht Essen und Trinken, sondern Gerechtigkeit, Friede und Freude im Heiligen Geist."

50 Vgl. Dietrich-Alex Koch: Eucharistievollzug und Eucharistieverständnis in der Didache, in: Sänger, Hellholm (Hrsg.), The Eucharist (wie Anm. 3), S. 857–858. Dietrich-Alex Koch geht sicher davon aus, „dass es sich in Did 9–10 um *das* rituelle Mahl dieser Gemeinden handelt. Der Eindruck, die mit den Gebeten verbundene rituelle Handlung sei unvollständig, weil die sog. Einsetzungsworte fehlen, ist unzutreffend" (S. 857, Hervorhebung vom Autor).

51 Traditio Apostolica, 3–4.

52 Norbert Baumert: Paulus. Sorgen des Seelsorgers. Übersetzung und Auslegung des ersten Korintherbriefes, Würzburg 2007 (Paulus neu gelesen), S. 173.

53 Theobald, Eucharistie als Quelle sozialen Handelns (wie Anm. 2), S. 72.

54 Vorstellbar ist das etwa für Phoebe; vgl. Röm 16,1–2.

55 Theobald: Eucharistie als Quelle sozialen Handelns (wie Anm. 2), S. 71.

56 LUISE SCHOTTROFF: Der Anfang des Neuen Testaments. Matthäus 1–4 neu entdeckt. Ein Kommentar mit Beiträgen zum Gespräch, Stuttgart 2019, S. 88.

57 DIES.: Der erste Brief an die Gemeinde in Korinth, Stuttgart 2013 (Theologischer Kommentar zum Neuen Testament, herausgegeben von Ekkehard W. Stegemann und anderen, Band 7), S. 225.

58 Ebd., S. 233.

59 THEOBALD, Eucharistie als Quelle sozialen Handelns (wie Anm. 2), S. 77.

60 Becher mit Wein, über dem der Segen zu Beginn des Festes gesprochen wird.

61 Übersetzung aus dem griechischen Text; zum Brotbrechen im Alten Testament vgl. auch Klgl 4,4.

62 Informationen finden sich auf der Homepage: https://www.strassenexerzitien.de/

63 Siehe: https://www.strassenexerzitien.de/der-charme-des-anfangs-die-erfahrungen-in-emmaus-langsam-gelesen/

64 Ebd.

65 Ebd.

66 RICHARD BAUCKHAM: Mary of Clopas, in: DERS. (Hrsg.): Gospel Women. Studies of the Named Women in the Gospels, Grand Rapids, Mich. 2002, S. 203–223.

67 Zum Folgenden: DANIEL MARGUERAT: Meals in Acts, in: DERS. (Hrsg.): Paul in Acts and Paul in His Letters, Tübingen 2013 (Wissenschaftliche Untersuchungen zum Neuen Testament, Band 310), S. 148–161; DANIEL MARGUERAT: Meals and Community Ethos in the Acts of the Apostles, in: SÄNGER, HELLHOLM (Hrsg.), The Eucharist (wie Anm. 3).

68 JOSEPH RATZINGER: Grundgedanken der eucharistischen Erneuerung des 20. Jahrhunderts, in: Klerusblatt 40 (1960), S. 208–211, hier S. 208.

69 HANS LIETZMANN: Die Entstehung der christlichen Liturgie nach den ältesten Quellen, Darmstadt 1963 (Li-

belli, Band 100); DERS.: Messe und Herrenmahl. Eine Studie zur Geschichte der Liturgie, 3. Aufl., Berlin 1967 (Arbeiten zur Kirchengeschichte, Band 8).

70 Gemeinsam am Tisch des Herrn (wie Anm. 1), 4.8.

71 Gemeinsam am Tisch des Herrn (wie Anm. 1), 3.8.5.

72 BARBARA REMBSER-MERTES, MICHAEL MERTES (Hrsg.): Von der Volkskirche zur Sekte? Warum die Idee vom Gesundschrumpfen falsch ist, Paderborn 2020, S. 30.

73 BACHL, Eucharistie (wie Anm. 4), S. 185.

74 Vgl. dazu: MAGDALENE L. FRETTLÖH: Jes 25,6–9; 22.4. 2019 (Ostermontag), in: Göttinger Predigtmeditationen 73 (2019), S. 243–250.

75 ANDREA BIELER, LUISE SCHOTTROFF: Das Abendmahl. Essen, um zu leben, Gütersloh 2007, S. 17. Vgl. MICHAEL NAUSNER: Gebrochenheit und Erneuerung der Schöpfung. Das Abendmahl als theologische Basis sozialer Gerechtigkeit, in: Ökumenische Rundschau 61 (2012), 4, S. 440–456.

76 NORDHOFEN, Corpora (wie Anm. 32), S. 229–263.